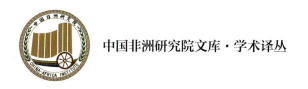

中国非洲研究院文库·学术译丛

纳米比亚农村：
概念及问题简介

The Rural in Namibia:
An Introduction to Concepts and Issues

［纳米比亚］彭佩拉尼·玛菲尤恩　/著
（Pempelani Mufune）

王满良　/译

中国社会科学出版社

图字：01－2022－1666 号

图书在版编目（CIP）数据

纳米比亚农村：概念及问题简介／（纳米）彭佩拉尼·玛菲尤恩著；
王满良译．—北京：中国社会科学出版社，2022.7
（中国非洲研究院文库．学术译丛）
书名原文：The Rural in Namibia：An Introduction to Concepts and Issues
ISBN 978－7－5227－0463－0

Ⅰ.①纳… Ⅱ.①彭…②王… Ⅲ.①农村问题—研究—纳米比亚
Ⅳ.①F347.73

中国版本图书馆 CIP 数据核字（2022）第 119788 号

出 版 人	赵剑英
责任编辑	陈雅慧
责任校对	高　歌
责任印制	戴　宽

出　　　版	中国社会科学出版社
社　　　址	北京鼓楼西大街甲 158 号
邮　　　编	100720
网　　　址	http://www.csspw.cn
发 行 部	010－84083685
门 市 部	010－84029450
经　　　销	新华书店及其他书店

印　　　刷	北京君升印刷有限公司
装　　　订	廊坊市广阳区广增装订厂
版　　　次	2022 年 7 月第 1 版
印　　　次	2022 年 7 月第 1 次印刷

开　　　本	710×1000　1/16
印　　　张	12.75
字　　　数	216 千字
定　　　价	69.00 元

凡购买中国社会科学出版社图书，如有质量问题请与本社营销中心联系调换
电话：010－84083683

充分发挥智库作用　助力中非友好合作

——"中国非洲研究院文库"总序言

当今世界正面临百年未有之大变局。世界多极化、经济全球化、社会信息化、文化多样化深入发展，和平、发展、合作、共赢成为人类社会共同的诉求，构建人类命运共同体成为各国人民的共同愿望。与此同时，大国博弈加剧，地区冲突不断，恐怖主义难除，发展失衡严重，气候变化问题凸显，单边主义和贸易保护主义抬头，人类面临诸多共同挑战。中国是世界上最大的发展中国家，是人类和平与发展事业的建设者、贡献者和维护者。2017年10月中国共产党第十九次全国代表大会胜利召开，引领中国发展踏上新的伟大征程。在习近平新时代中国特色社会主义思想指引下，中国人民已经实现了第一个百年奋斗目标，正在意气风发地向着全面建成社会主义现代化强国的第二个百年奋斗目标迈进，同时继续努力为人类作出新的更大贡献。

非洲是发展中国家最集中的大陆，是维护世界和平、促进全球发展的重要力量之一。近年来，非洲在自主可持续发展、联合自强道路上取得了可喜进展，从西方眼中"没有希望的大陆"变成了"充满希望的大陆"，成为"奔跑的雄狮"。非洲各国正在积极探索适合自身国情的发展道路，非洲人民正在为实现《2063年议程》与和平繁荣的"非洲梦"而努力奋斗。

中国与非洲传统友谊源远流长，中非历来是命运共同体。中国高度重视发展中非关系，2013年3月习近平担任国家主席后首次出访就选择了非洲；2018年7月习近平连任国家主席后首次出访仍然选择了非洲；6年间，习近平主席先后4次踏上非洲大陆，访问坦桑尼亚、南非、塞内加尔等8国，向世界表明中国对中非传统友谊倍加珍惜，对非洲和中非关系高度重视。在 2018 年中非合作论坛北京峰会上，习近平主席指出："中非早已结成休戚与共的命运共同体。我们愿同非洲人民心往一处想、劲往一处使，共筑更加紧密的中非命运共同体，为推动构建人类命运共同体树立典范。"在 2021 年中非合作论坛第八届部长级会议上，习近平主席首次提出了"中非友好合作精神"，即"真诚友好、平等相待，互利共赢、共同发展，主持公道、捍卫正义，顺应时势、开放包容"。这是对中非友好合作丰富内涵的高度概括，是中非双方在争取民族独立和国家解放的历史进程中积累的宝贵财富，是中非双方在发展振兴和团结协作的伟大征程上形成的重要风范，体现了友好、平等、共赢、正义的鲜明特征，是新型国际关系的时代标杆。

随着中非合作蓬勃发展，国际社会对中非关系的关注度不断提高，出于对中国在非洲影响力不断上升的担忧，西方国家不时泛起一些肆意抹黑、诋毁中非关系的奇谈怪论，诸如"新殖民主义论""资源争夺论""中国债务陷阱论"等，给中非关系发展带来一定程度的干扰。在此背景下，学术界加强对非洲和中非关系的研究，及时推出相关研究成果，提升中非国际话语权，展示中非务实合作的丰硕成果，客观积极地反映中非关系良好发展的局面，向世界发出中国声音，显得日益紧迫和重要。

以习近平新时代中国特色社会主义思想为指导，中国社会科学院努力建设马克思主义理论阵地，发挥为党和国家决策服务的思想库作用，努力为构建中国特色哲学社会科学学科体系、学术体系、话语体系作出新的更大贡献，不断增强我国哲学社会科学的国际影响力。中国社会科学院西亚非洲研究所是遵照毛泽东主席指示成立的区域性研究机构，长期致力于非洲问题和中非关系研究，基础研究和应用研究并重。

以西亚非洲研究所为主体于 2019 年 4 月成立的中国非洲研究院，是习近平主席在中非合作论坛北京峰会上宣布的加强中非人文交流行动的重要举措。自西亚非洲研究所及至中国非洲研究院成立以来，出版和发表了大量论文、专著和研究报告，为国家决策部门提供了大量咨询报告，在国内外的影响力不断扩大。按照习近平主席致中国非洲研究院成立贺信精神，中国非洲研究院的宗旨是：汇聚中非学术智库资源，深化中非文明互鉴，加强治国理政和发展经验交流，为中非和中非同其他各方的合作集思广益、建言献策，为中非携手推进"一带一路"合作、共同建设面向未来的中非全面战略合作伙伴关系、构筑更加紧密的中非命运共同体提供智力支持和人才支撑。中国非洲研究院有四大功能：一是发挥交流平台作用，密切中非学术交往。办好"非洲讲坛""中国讲坛""大使讲坛"，创办"中非文明对话大会""非洲留学生论坛""中国非洲研究年会"，运行好"中非治国理政交流机制""中非可持续发展交流机制""中非共建'一带一路'交流机制"。二是发挥研究基地作用，聚焦共建"一带一路"。开展中非合作研究，对中非共同关注的重大问题和热点问题进行跟踪研究，定期发布研究课题及其成果。三是发挥人才高地作用，培养高端专业人才。开展学历学位教育，实施中非学者互访项目，扶持青年学者和培养高端专业人才。四是发挥传播窗口作用，讲好中非友好故事。办好中国非洲研究院微信公众号，办好中英文中国非洲研究院网站，创办多语种《中国非洲学刊》。

为贯彻落实习近平主席的贺信精神，更好汇聚中非学术智库资源，团结非洲学者，引领中国非洲研究队伍提高学术水平和创新能力，推动相关非洲学科融合发展，推出精品力作，同时重视加强学术道德建设，中国非洲研究院面向全国非洲研究学界，坚持立足中国，放眼世界，特设"中国非洲研究院文库"。"中国非洲研究院文库"坚持精品导向，由相关部门领导与专家学者组成的编辑委员会遴选非洲研究及中非关系研究的相关成果，并统一组织出版。文库下设五大系列丛书："学术著作"系列重在推动学科建设和学科发展，反映非洲发展问题、发展道路及中非合作等某一学科领域的系统性专题研究或国别研究成果；"学术译丛"系列主要把非洲学者以及其他方学者有关非洲问题研究的学术著作翻译成中文出版，特别注重全面反映非洲本土学者的学术水平、学术观点和对自身发展问题的见识；"智库报告"系列以中非关系为研究主线，中非各领域合作、国别双边关系及中国与其他国际角色在非洲的互动关系为支撑，客观、准确、翔实地反映中非合作的现状，为新时代中非关系顺利发展提供对策建议；"研究论丛"系列基于国际格局新变化、中国特色社会主义进入新时代，集结中国专家学者研究非洲政治、经济、安全、社会发展等方面的重大问题和非洲国际关系的创新性学术论文，具有基础性、系统性和标志性研究成果的特点；"年鉴"系列是连续出版的资料性文献，分中英文两种版本，设有"重要文献""热点聚焦""专题特稿""研究综述""新书选介""学刊简介""学术机构""学术动态""数据统计""年度大事"等栏目，系统汇集每年度非洲研究的新观点、新动态、新成果。

期待中国的非洲研究和非洲的中国研究在中国非洲研究院成立新的历史起点上，凝聚国内研究力量，联合非洲各国专家学者，开拓进取，勇于创新，不断推进我国的非洲研究和非洲的中国研究以及中非关系研究，从而更好地服务于中非共建"一带一路"，助力新时代中非友好合作全面深入发展，推动构建更加紧密的中非命运共同体。

中国非洲研究院

目　录

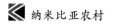

第一章

主题：农村

绪论

荷兰人类学家，地理学家耶里恩·迪耶梅（Jereon Diemer）在他的《切托（Chetto）的巴勒奎纳（Barakwena）》（1996）一书中，描述了对纳米比亚东部桑村（San village）——切托的印象，原文如下：

> 切托建于 1976 年，它当时是一座军营，位于原始村落泽哈丘（Xahacheu）偏东处的集水井旁。由于切托临近主干道，且拥有卡普里维地区唯一的商店和学校，它现在是西卡普里维（Carprivi）中部五个村落中规模最大、位居中心的定居点。切托由互不相邻的 26 片空地构成，尽管有五片空地位于旧军营内。所有的空地分布在花园点缀的奥穆兰巴（Omuramba）两侧。奥穆兰巴有七个能在雨季集水的小水坑。在奥穆兰巴内及其周边有四十三座大小不一、形状各异的花园。生活在切托的人都是 1990 年到 1994 年之间来到这个地方的。

以维基百科所描述的另一座村庄——奥斯（Aus）（位于纳米比亚南部）为例：

> 奥斯，纳米比亚南部卡拉斯地区的一个村庄，它位于铁路线和 B4 国道旁，在距基特曼斯胡普（Keetmanshoop）以西 230 公里处，吕德里茨（Ludetitz）以东约 125 公里处。以前始发于基特曼斯胡普

站的火车开往终点吕德里茨，现在它们的终点站在奥斯。村庄虽小，但它的基础设施并不少，如酒店、警察局、商店和车库。村子位于纳米比亚沙漠平原上的奥斯山脉（Aus Mountains）。这里气候炎热干燥，雨水匮乏，但据记录冬季偶有飘雪。该村的前身为1915年由南非军队所建的战俘营，用于收容在第一次世界大战期间被捕的德国囚犯。这些囚犯起初住在帐篷里，后来住进了砖房。囚犯数量曾一度多达1500人，但到1919年5月，最后一名囚犯离开，战俘营随之关闭。今天，一块牌匾标明这个战俘营的所在位置，营中的一些房屋已被重建。奥斯以西的地区以其沙漠中的野马群闻名，这些马的起源尚不明确，但是如今已有150到200匹适应了沙漠恶劣的环境。它们比家养的马匹排尿少，而且可以五天不喝水。野马群在加鲁布盐湖（Garub Pan）的人工蓄水池旁饮水，在这里立着一个百叶窗，能让游客在不惊扰马群的情况下观察动物。

上述简介的目的是表明各地农村情况各不相同。世界上没有两个完全一样的村庄，也没有完全一样的农村地区。一些村庄比其他村庄拥有更多被视为"城市"的特征，如人口、财富、移民等。这些差异在不同国家之间更为突出。这给定义或概念化"农村"，即一种区别于城市的现象带来了困难。本节首先分析农村地区对纳米比亚极具重要性的原因，然后深入研究如何概念化"农村"这一较有争议的问题。

农村的重要性

切托和奥斯的人认为自己是农村人。他们的亲朋好友、暂时的敌人或是一辈子的仇敌以及其他对他们有重要意义的人都是农村人。这些人极大地影响着切托和奥斯村民的自我评价和行为。尽管村民们不太能意识到这些影响，但他们所表现出的行为，恰恰符合这些人所推崇的价值观。对于切托和奥斯居民来说，"农村"为他们提供了社交和自然环境。他们的大部分生计来自土地，许多人把小家畜（绵羊、山羊、驴等）或牛算作是他们最珍贵的财产。要想饲养动物，土壤、绿草和水缺一不可。人们当燃料使用的木柴、在当季从野外采来的水果、水以及用于建造住房和粮仓的材料也来自这片土地。尽管切托和奥斯的村民从农村以外的地区购买生活必需品（如衣服、肥皂、食用油等），但他们所使用的钱大部分都是通过在土地上劳作获得的。

这种情况显然并不仅限于切托和奥斯的人。据纳米比亚政府称，其公民大多数都生活在官方称之为农村的地区。就算大多数身体健康的成年男性和女性离开这些村庄去寻求工作（即去城市地区），也不足为奇。许多城市居民都是那些寻求更好生活的移民的后代子孙。巴克（Barker，1991）指出农业在农村经济中发挥着核心作用。他认为，农村地区的贫困状况影响整个社会。因此，一旦小农生产歉收，农村人口便迁移到城镇。这给目的地的就业、住房和卫生设施带来压力。不同农村地区之间的移民也给相对免受旱灾和低廉劳动力影响的农村带来土地压力。由于依靠农业流入城乡贸易的人数减少，城镇就业也受到影响。同样，进出口贸易也受到影响。随着需求下降，货运和交通运输业受到限制。甚至婚礼、葬礼和其他仪式上的开支也会减少，而这些服务行业的从业人员也会因此失业。（贝克，Baker，1991，第24页）

农村地区对纳米比亚非常重要，其第二个原因是：在纳米比亚人民努力改善生活环境时，农村地区对其"发展"构成了最大的挑战。纳米比亚（人均收入为1610美元的国民生产总值）被列为中低收入经济体。人均收入是一个平均数据，这个数据很少或根本不能体现出纳米比亚内部的城乡差异。表1-1展示了纳米比亚安全卫生设施和安全用水的供给情况。农村地区根本无法与城市地区相比，城乡之间存在着巨大差异。

在纳米比亚，各种"发展"指数揭示了农村和城市之间的明显差异。根据纳米比亚人口与健康调查（NDHS，2007），纳米比亚农村地区婴儿死亡率为每千名活产婴儿死亡52人，而城市地区每千名活产婴儿死亡人数为43人；纳米比亚农村地区儿童死亡率为每千名活产婴儿中有25人死亡，而城市地区儿童死亡率为每千名活产婴儿中有17人死亡。78%的城市家庭距离医疗机构不到30分钟，而农村家庭的这一比例只有20%；99%的城市人口能够获得安全的饮用水，而农村只有42%的人口可以获得安全的饮用水；99%的城市居民拥有卫生设施，而农村居民只有12%拥有卫生设施。

表1—1 城乡地区（卫生）指数（节选） 单位:%

地区	获得安全卫生设施			
	已改进—非共用设施	未改进设施	其他	总计
卡普里维	8.2	91.8	0.0	100
埃龙戈（Erongo）	52.9	46.7	0.4	100
哈达普（Hardap）	46.8	52.9	0.3	100
卡拉斯（Karas）	52.1	47.8	0.3	100
卡万戈（Kavango）	11.6	88.3	0.1	100
霍马斯（Khomas）	62.0	37.7	0.3	100
库内内（Kunene）	21.7	78.1	0.2	100
奥汉圭纳	5.4	94.4	0.2	100
奥马海凯（Omaheke）	22.7	77.3	0.0	100
奥穆萨蒂（Omushati）	14.3	85.4	0.3	100
奥沙纳（Oshana）	29.6	70.4	0.0	100
奥希科托（Oshikoto）	31.9	68.0	0.1	100
奥乔宗朱帕（Otjozondjupa）	42.8	57.1	0.1	100

资料来源：纳米比亚人口与健康调查（NDHS）2006年。

表1—2 2003—2004年度城乡贫困指数

指标	农村	城市	纳米比亚
出生时预期寿命（年）	48	52	49
成人识字率（%）	73.3	91.7	81.0
平均家庭收入（纳元）	10531	33117	15804
平均人均收入（纳元）	1727	6838	2876
获得安全饮用水（%）	79.9	98.4	87.2
获得适当卫生设施（%）	20	93	50
燃气/电力照明（%）	7.1	68.5	31.1

生育指数显示，农村地区的总生育率为6.8%，而城市地区的生育率为4.7%；农村地区13%育龄女性使用避孕药具，而城市地区则为46.6%；59.5%的农村分娩由受过培训的人员照料，而城市地区则为86.1%。调查数据显示，50.9%的农村人口拥有收音机，而74%的城市人口拥有收音机；2.6%的农村人口拥有电视机，而39.7%的城市人口

拥有电视机；在农村人口中，只有 11.85% 的人购买至少一份报纸，而在城市人口中，则有 53.8% 的人购买至少一份报纸。家庭平均收入悬殊，城市地区的收入是农村地区的三倍以上（Hansohm，2000）。事实上，这与农村和城市地区的收入来源有关。2008 年纳米比亚劳动力调查数据（NLFS）表明，37.3% 的农村家庭（低于 2004 年调查数据的 38.5%）主要收入来源为自给农业（农作物和动物），而仅有 0.8% 的城市家庭（低于 2004 年调查数据的 1.8%）主要收入来源为自给农业。同样，只有 23.2% 的农村家庭（低于 2004 年调查数据的 26.8%）收入来自工资和薪水，而 68.8% 的城市家庭（低于 2004 年调查数据的 74.3%）收入来自于工资和薪水（劳动和社会服务部，MLSS）。

纳米比亚人一般都认为正规教育开宗明义，旨在传播特定社会运作所必需的一般技能和特定技能。因此，它可以激发创造性思维、行动和创新，这在一定程度上带来了社会变化。教育也是个人成就和所拥有的事物的基础，它能使人们在社会中出人头地。因此，教育对文化的发展至关重要。当我们比较纳米比亚农村和城市的教育时，再次发现了明显的差异。纳米比亚农村地区在校的人均年数为 4.4 年，而城市地区人均在校年数为 8.3 年（NDHS，2006）。大城市霍马斯和埃龙戈地区在校的平均年数分别为 9.1 年和 8.2 年。相比之下，库内内为 2.3 年，卡万龙为 3.4 年，奥汉圭纳的农村地区为 4.2 年。艾滋病的问题使纳米比亚的发展问题更加复杂。目前，数据表明，农村和城市地区艾滋病毒感染率都很高。但尽管如此，贫困人口、农村人口和未受过教育的人使用避孕套的概率最低（NDHS，2006）。纳米比亚农村人口的另一个忧患是，获取避孕套是困难和代价昂贵的（MoHSS，2008）。

不考虑农村地区，就不可能有"发展"。我们在提高社会生产力和生活水平的过程中看到"发展"，这对纳米比亚人来说意味着人均寿命的增长、更充足的饮食、更优质的服务、更好的住房条件和更多的消费品。

发展面临的挑战不仅存在于农村地区的内部，而且外延至农村地区对城市地区所施加的压力。农村地区有很多东西来自城市地区，包括产品市场收入、汇款收入、就业、基础设施（运输，电信）、技术（生产和消费）、商品和服务、资本（投资，融资）、教育、信息、文娱、经济和社交网络。一些农村人（特别是年轻人）一直认为从源头上获取这些东西比等待它们流传至农村更好，于是数以千计的年轻人迁入城市。首都温得和克（Windhoek）及其周围的棚户居住区主要由农村移民创建。温得和克是鲜明的证明，表明了纳米比亚城镇中不受监管的棚屋激增，但它绝非个例。从20世纪80年代以来，温得和克周边地区奥克扬加瓦（Okuryangava）、第七大道（Sewen De Laan）、哈卡哈纳（Hakahana）等的棚户区如雨后春笋般出现，这里可能居住着20万之多的人口，很快又会增加一倍。正如塔科利（Tacoli，1998）观察到的那样，"农村贫困"日益成为"城市贫困"，因为越来越多的农村贫困人口涌入城市棚户区，失业以及就业不充分问题十分严重，环境条件越来越恶劣。

农村发展面临的挑战

从积极的方面来看，弗洛拉等人（Flora，1992）认为农村视角值得探索。农村地区对社会的贡献体现在以下几个方面：①粮食安全；②对自然资源起保护作用的土地管理意识；③一种赋予人际关系和土地资源尊严地位的价值体系；④多维度的保护必须有社会学家的参与。而且，现在很难说城市化是一种自然法则。过度拥挤和退化的社会代价太大，不可忽视。因此，当今世界城市化的经济原因并不那么令人信服。

定义"农村"

这里需要预先声明两点：首先，不存在一种叫作"农村"的客观现象，我们所涉及的"农村"概念来自于外行人、政府和社会学家，他们分属于不同群体，对农村的看法各不相同。其次，我们不应对农村概念模糊感到绝望，因为这对于社会学来说是很正常的。我们有诸如发展、阶级、价值观、异化、第三世界等概念，这些概念已经并将继续对社会学家的思想产生影响，但这些概念仍然没有定论。造成农村概念模糊的部分原因是这些概念试图描述"现实"，然而，众所周知，现实瞬息万变，它在不断由一种情境到另一种情境变化着。另一个原因是，与所有概念一样，农村的定义是社会的，任何定义都不能超越特定时间甚至特定社会。本书将不会去定义"农村"，而是力求提供一个理解诸多农村概念的指南，并解释这些概念各不相同的原因。

官方定义

大多数政府在定义农村时，将人口规模和人口密度作为区别城市地区和农村的标准。政府对南部非洲农村地区的定义似乎与世界其他地区一样武断。博茨瓦纳（Botswana）和赞比亚（Zambia）政府将居民不足5000人的地区定义为农村（联合国组织，UNO，2006）。但是，对于博茨瓦纳来说，其大部分居民（即75%的居民）必须依赖农业活动。对于津巴布韦来说，农村地区是居民少于2500人的地方。博茨瓦纳、赞比亚和津巴布韦（Zimbabwe）都同意将人口规模作为区分农村和城市的标准，但在重要的人口界限值上却几乎没有达成一致意见。马拉维（Malawi）、纳米比亚、斯威士兰（Swaziland）、南非（South Africa）和坦桑尼亚（Tanzania）试图通过采用基本的行政分类来克服这一问题。因此，对马拉维而言，所有乡镇、城镇规划区和地区中心都被归类为城市，其余的是农村地区。南非将没有某种地方行政机构的所有地方归为农村。同样，斯威士兰将某些特定地方称为城市，而坦桑尼亚则有16个地方被称为城镇，即非农村地区（UNO，2006）。但在马拉维、南非、斯威士兰和坦桑尼亚均出现了异常现象，在这些国家，那些人口相对较少的定居点被归类为城市，而人口多且稠密的其他定居点则被列为农村。在我们看来，纳米比亚在认定城市地区这一点上效仿了南非的做法，将有地方行政机构的地区归为城市。然而，在纳米比亚，属于城市的地区不仅会被公开宣布还会在宪报上公布。纳米比亚政府将城市地区正式定义为：在人口普查时由政府宣布为城市和城镇的地区。所有其他未列入城市分类的地区都被视为农村地区，其中包括被称为村庄和其他定居点的地方。

为什么南部非洲各国政府对农村有着不同的定义？一个主要原因想必是各地政府在界定不同人群时都在考虑他们要实施的计划（Flora et al.，1992）。因此，政府必须定义出作为特定计划服务对象的个体和群体，他们通过制定具体政策来做到这一点。在这个过程中，必须要确定哪些人群与特定政策相关，只有这样，这些人才会享受到特定计划提供的服务。这样做是非常必要的，因为许多政府在资源和时间上的要求相互冲突，因此不能按照某些标准忽视他们的服务对象。由于各国政府面临不同的情况（在人口、贫困状况、资源、生态等方面），对农村的定义不同，故而必须制定出不同的政策。从根本上说，我们所拥有的南部非洲不同国家农村人口的数据不具有可比性。要想不让社会学家将描述（来自新闻业）与解释混淆，那么对合计单位的比较，包括从小团体到整个社会的比较是必不可少的，这是现行研究中的问题（史塔克，Stark，1996），也是我们尝试解释农村概念及相关过程中的障碍。

社会学解释

霍加特和布勒（Hoggart and Buller，1987）认为，关注农村（而非农业）活动的最成熟和独特的社会研究学科是农村社会学。长期以来，农村社会学是以这样一个假设为基础的："农村"是一个具有经验参照价值的分析结构。这个立场现在变得极具争议性，也没有得到大多数农村社会学家的支持。在我们考虑农村的社会学定义时，我们将讨论到以下三种定义：经典的城乡连续统一体定义，强调农村作为一个群体的定义，认为农村是一种身份认同系统的定义。

1. 城乡连续统一体：索罗金和齐美尔曼（Sorokin and Zimmerman，1923）提供了农村社会学中早期具有可行性的农村定义。据他们说，群体的社会生活分为两部分：农村和城市。它们是既是独立的社会系统，又相互作用。农村社会生活中呈现出特有的特征和趋势，与城市地区明显不同。这些差异并不是类别上的差异，而是程度上的差异。简而言之，农村和城市共存于一个连续统一体中，在这个连续统一体中，农村地区比大地方、城镇和城市更具特色。索罗金和齐美尔曼确定了一些标准来区分农村与城市（表1-3）。他们主要根据社会文化、职业和生态标准将农村与城市区分开来。他们认为，农村地区人口密度低，这导致居住在这里的人表现出一定的态度和行为倾向，这不同于人口密度较高的地区。更具体地说，传统价值观主导着农村地区，它包括对亲属长老、宗教和权威等元素的自豪感。基于采集的职业（即农业、林业甚至采矿业）被认为是农村地区的特征。这造成了依赖家庭劳动力的小规模土地所有权的主导地位。

因此，农村地区的分工相对较低。在群体规模方面，农村地区是小规模社会，建设环境水平最低。规模也使农村地区具有同质性和群体意识，这种群体意识让人联想到涂尔干（Durkheim）所提出的机械团结。索罗金和齐美尔曼也详细谈及流动性、互动和社会分化，这些均是区别农村和城市的标志（见表1-3）。

表1-3 城乡连续体的特征

标准	农村	城市
职业	农业为主/采集业	制造业及其相关工作
环境	多为自然环境	多为人造环境
群体规模	小	大
人口密度	低	高
人口特点	同质	异质

资料来源：根据 Sorokin and Zimmerman（1923），Desai（1984）。

在工业污染产生之前，索罗金和齐美尔曼对城乡差异进行了富有诗意的描述：

> 既不是创造性活动的推动力，也不是为了追求某种倾向、好奇和新奇；更不是渴望与自然接触的生理需求；不用眼睛欣赏草地的嫩绿、森林的美景、清澈见底的河流、麦田的金色波浪；也没能在大自然中听到鸟儿的歌唱，雷暴或感受到夜晚的神秘寂静，这些以及千万种类似现象都是城市人所体验不到的。（转引自 Slatterly，1995，第246页）

对索罗金和齐美尔曼农村概念的主要批评中，有一种论点认为他们的农村概念在理论上是不充分的，因为它是一个没有价值的分析结构，在经验层面上也只有不良影响。社会学中，理论充分性关乎更为一般的假设对更为具体构想产生的影响（Alexander，1983）。"社会学事业中最普遍的假设是预设即假设，社会学家澄清人类行为的本质以及行为如何聚合成固定模式。"（Alexander，1983，15页）

预设主要涉及人类事务的秩序问题。因此，大多数社会学家无法将索罗金和齐美尔曼的定义当作预设，因为他们二人认为空间是人类行为和态度的产物。甘斯（Gans，1962）特别指出，定居模式并不一定会产生不同的生活方式。比勒（Bealer，1975）认为农村在社会学中无研究意义，因为它没有任何行为反响。同样，帕尔（Pahl，1966）在城乡连续统一体中没有发现具有本体性的意义，他认为，"任何将特定社会关系模式与特定地理环境联系起来的尝试都是徒劳无功的"。纽拜和巴特尔（Newby and Buttel，1982，第5页）发现这个领域缺乏理论基础，他们认为，"有些人不情愿承认农村这个术语是经验范畴而非社会学范畴，即它仅仅只能是一个地理术语——因为农村这个术语本身没有社会学意义"。

此外，如此形成的农村定义并没有反映现实。在所谓的农村地区发现的每一种行为或关系，都可以在所谓的城市地区挖掘出类似的行为和关系。这包括心理障碍（Mizruchi，1969）、群体关系（Friedland，1982）、凝聚力（Stinner，1990；Wellman，1979）等迹象。此外，对于许多国家而言，社会变革似乎已经完成，并继续将采集业中的劳动力纳入非采集业的劳动力市场，从而扩大了农村劳动力分工，这使农村地区向具有城市特色的大型企业敞开了大门。这些都导致了农村社会学中的混乱（Urry，1984）及潜在危机（Lowry，1977）。

2. 作为一个群体的农村：对农村概念的初步探讨遵循了汤尼斯（Tonnies，1940）对礼俗社会和法理社会的区分和涂尔干（1964）机械团结和有机团结的概念。雷德菲尔德（Redfield，1947）"民间和都市"的理想型和沃斯（Wirth，1938）的"城市化作为一种生活方式"都建立在这些经典理论之上。甚至索罗金和齐美尔曼也在很大程度上遵循这一传统。所有讨论都强调农村地区由群体组成而城市地区则由大众社会组成。在汤尼斯的构架中，群体是某种"社会生活形式的精髓，其成员内在情感联系创造了基本情境"（Kunczik，1994，第73页）。在一个群体中，成员们对意义重大的群体有着深刻的归属感：他们追求着共同的目标，由此感到与其他成员的同一性；他们淹没在不同的群体中，这使他们觉得有必要参与到群体中去；成员们将彼此视为有内在价值和丰富意义的整体（Cox，1987）。

法理社会（城市）不同于上述情况，法理社会（城市）与这样一个群体有关，"这个群体作为人工组织或机构，为特定目的而生，与机构系统和独立机构相联系"（Kunczik，1994，第73页）。人对其同伴来说就是潜伏的狼，因为这些群体中的成员都有着深深的隔阂感。他们追求不同的目标，没有同一感。他们的团体没有意义；他们将彼此视为达到目的的手段，并认为其他人很少或根本没有内在价值和意义（Cox，1987）。这种定义中的农村是群体的社会组织体现。人们认为传统价值观主导着农村的家庭生活、村庄生活和小城镇生活，并且农村群体形式与大城市、国家事务和大都市生活等大众社会形式截然不同，而这些大众社会形式是城市生活的必要组成部分。雷德菲尔德表示，农村作为一个群体是以这种方式表现出来的：

> 这样的社会规模小、与世隔绝、没文化、同质化，且具有强烈的群体团结感。生活方式一成不变，固化为连贯的体系，我们称之为"文化"。行为是传统的、自发的、不加批判的和个人的；没有为启发智慧而生的法律或实验及反思习惯。亲属、亲属关系及其构成是经验的典型类别，家族群体是行动的单位。（转引自 Slatterly，1995，第245页）

在整个非洲，关于把村庄当做群体的人类学描述比比皆是。这些描述的一个共同问题是不够精确。群体这个词的不精确性使它容易受到各种各样的解读。根据法科（Fako，1983）的说法，群体是一幅内容丰富的漫画，它描绘了乡村生活是什么样的。群体是以前的城市居民都在寻找的梦想（Hoggart and Buller，1987）。群体是一个社会乌托邦（Kunczik，1994）。此外，社会研究一直不支持这样一种观点，即城市由无数个孤立的小群体组成。研究支持这样一种观点：即使在城市中，人们也与依恋链相连，这种依恋链将他们与其他人联系起来（Stark，1996）。换句话说，群体也可以是城市情境的特征。适用于农村地区的群体概念同时也意味着与他人隔绝。事实是，"在更为广泛的社会中，农村群体从未隔绝于现行的社会变革、经济变革之外"（Flora et al.，1992，第16页）。

我们不一定要认为索罗金和齐美尔曼（1929）的定义以及那些基于农村是一个群体（以汤尼斯和涂尔干的方式）的定义是奇怪的。因此，哈迪曼和米奇利（Hardiman and Midgley，1989）在他们最受欢迎的著作《发展的社会维度》中，重申了这些定义的基本要点。他们说根据定义，农村社会的人口密度较低。人数过少导致了人与人之间面对面的互动和狭隘的个人主义。农村地区保留了传统的特征和价值观，包括家庭和血缘关系的核心作用，这些作用是多功能的，涵盖经济、法律、政治、宗教和家庭领域。家庭伴随着农村人的一生，它提供了老年保障、提供了福利，它是人们在处理事务时首先考虑的事情。哈迪曼和米奇利（1989）借用索罗金和齐美尔曼的话说，农村地区的大多数人赖以生存的是农业、渔业、畜牧业和狩猎，因此，他们依靠土地生活。土地不仅对谋生很重要，而且也具有象征性，因为某些价值观与土地相关。人们认为农村地区缺乏技术先进性。技术低下解释了农村群体劳动分工的不足，这主要是基于年龄和性别。像非洲许多其他地方一样，土地充足的地方仍然非常依赖基于人力的传统耕作方法，如移栽和灌木休耕。这些方法是劳动密集型的，需要极少量的资金投入；生产不用考虑工资和价格，这与生产自我供应（借用贝克的话）并因此重视自给自足的事实有关。宗教仪式也是农村群体的核心。宗教仪式是人们对恶劣的、不可预测的自然环境、变幻莫测的气候的自然回应；也是对了解甚少的地方流行性人类疾病、作物牲畜疾病的自然回应。农村民众缺乏科学知识，他们在自然力量面前无能为力。这种情况使他们信仰超自然力量以及相关力量。命运、魔法、巫术和迷信是农村精神的重要方面。农村群体的自给自足，超越了经济领域，扩展到政治和法律领域。这些农村群体在经济、司法和立法职能上似乎有更多联合（Hardiman and Mialgley，1989）。

对这种农村概念的批评与索罗金和齐美尔曼的观点、群体观的观点相呼应。福斯特·卡特（Forster - Carter，1985）是对哈迪曼和米奇利的观点提出批评的人之一，他认为，相比于任何其他地区或当代非洲现实，此概念是更适合于前殖民地非洲的理想型图景，所以它是农村的图景，有过度概括之嫌；它也是涂尔干在将传统与简单化等同之后的图景。然而今天的研究表明，农村各个地区可能不尽相同，但它们绝不简单。

3. 作为一种身份认同系统的农村：最近关于农村的定义，一些社会学家开辟了一条富有新意的探索路径。他们试图通过具体说明"农村"为一种身份系统来解决上述定义问题。他们认为，宣称"农村"仅是一个行政类别，是与数百万人的生活经历不相符的，这些人没有居住在城市中，视自己为农村人。生活在被称为农村地区的人们，他们赋予生活经历特定的意义，这些经历似乎与其他人不同。他们根据自己的生活经历形成了一种社会认同。社会认同是指一个人所属的类别，以及他自己和其他人认同的品质，无论这些品质是正确的还是错误的，对属于该类别的成员来说，它们都是正常且自然的（Ferante，1995）。身份是定义不同社会活动的社会结构，它们产生了社会边界，这些边界允许个体和集体在实际的或期望的、现存的或想象的群体中理解"我们"不同于"他们"。当身份创造并反映那个群体共同目标、共同价值观和共同取向时，个人身份则变成了集体身份。在集体身份中的人创造了"游戏规则"，他们清晰地阐述着他们所拥有的社会商品，如声望、权力和财富（Moore and Kimmerling，1995，第388页）。

　　根据上述论述，莫蒙特（Mormont，1987，1990）和贝尔（Bell，1992）重新阐述了农村概念，以便考虑农村人赋予他们自己生活的意义以及由此产生的社会身份。贝尔（1992）认为，要了解农村，我们就应该考虑那些认为自己属于农村的人如何定义他们的情况，这好比我们只能通过果实来了解一棵树。他想起了威廉·艾萨克·托马斯（W. I. Thomas，1951）的著名定理，即情境一旦被定义为真实的，那么无论情景是否真实，它们最终的结果都是真实的。从社会学角度来看，社会互动是基于人与情境互动的、复杂的认知和澄清过程（Johnson，1986）。当个人与他人互动时，他们会选择性地激活社交自我的一部分。情境定义产生了共同的信念、价值观、规范和态度，于是它们将人们与他们无法轻易摆脱的期望紧密联系起来。这种定义情境的能力有助于为人类行为提供创造性的内容。社会群体中的个体认同既定的情境定义，这反过来又可以让他们成为他们想要的样子。必须从特定情境的共同定义角度来理解农村这一概念，让参与者能够以某种（农村的）方式认识自己。因此，农村是一种"身份系统"，通过该系统可以发现既定个体的社会地位和角色，这些角色定义了他们对彼此的期望。

　　贝尔（1992）通过调查伦敦（London）郊区（英格兰 England 的所有地方）柴尔德利（Childerley）的村民们怎样认识自己，从而得出了这个概念。他采用了归纳实地调查的方法，辅以参与观察、半结构化访谈和文献分析等研究方法。他发现"群体"是村民自我定义的一部分，其结果是真实的。决定住在村里是有意识地享受与城市或郊区不同的"乡村的独特性"。这种独特性体现在与自然美的亲近。村民们一致认为，农村的生活方式和社会关系具有独特性，体现了诸如宁静、生活节奏慢、规模小以及远离物质和地位竞争等礼俗社会主题，这些都是农村生活的重要基准。村民们谴责社会变革侵入他们的生活，如人们彼此陌生不知姓名以及群体感的降低。然而，这些主题有助于厘清那些用于区分乡村和城市情形的规则。据此，"这些主题将不确定性转化为一种确定重要社会边界并在其两侧分配社会身份的手段"（Bell，1992，第79页）。贝尔发现，地方主义、农村主义、乡村主义和群体主义是区分农村与城市的重要规则。地方主义指的是人依恋某个地方的生活，在这个地方，人们对当地的群体具有强烈的情感和忠诚。农村主义是信奉农村生活而不是城镇生活，而乡村主义则是个人对农村生活的依赖，因为人们相信它与任何其他生活方式一样高效，一样让人心满意足。群体主义信仰在相对自治的社区中，当地社区成员之间可以共享重要资源。

作为一个乡村人，身份赋予个人某种地位和权利，因为它是一种地位商品，可由此提高尊严和增长权力。因此贝尔（1992）得出结论："乡村身份是柴尔德利的人社会心理和地位利益的坚实基础。他们都深信城乡之间的差异具有长久的重要性，与此同时，他们也获得了自己是谁的认知以及实际的物质利益。"

莫蒙特（1987，1990）与贝尔的不同之处在于他没有从经验和描述的角度来处理这个问题。他遵循历史社会学的传统，得出与贝尔基本相同的结论。莫蒙特认为，很有必要从知识社会学的角度来看待农村社会学的演变，以便我们真正理解是否存在"农村社会"这样的事物。他认为，其一，"农村"概念产生于"现代化"将农民社会融入整个社会之时。于是，最开始农村被认为是一个原始的类别，它将被融入工业发展所创造的社会文化背景中。其二，较为积极的一面是，农村也被认为具有优越的道德和社会价值，可以治愈新兴工业化经济社会的创伤。从这个意义上说，"农村"是以一种不明显的方式呈现的另外一种社会模式，它富有价值、道德高尚、和谐统一。

重要的是，"农村"是基于农村居民形成的价值观来比较农村居民与其他人的，而非基于物质（经济和政治）利益。物质利益只有在深化这些价值观时才有其重要性。这引发了在定义什么是农村和什么不是农村过程中的身份认同问题。据莫蒙特（1990，第26页）所说，"社会学的出现标志着农村和农村运动从宗教的转变为科学的合法化模式"。因此，农村的定义就从基于价值观的现象转变为基于物质利益的客观存在。按照社会学的观点，农村已成为一个独立的文明，它在价值观和组织形式方面不同于城市；因此，在农村，身份问题受到了压制。基于社会分工，农村社会学将新兴的农村社会意义转化为一套特别重视时间维度的意义，以外部因素所造成的各种变化来定义农村；在现代化的大标题下，农村和城市经常会被误导性地混在一起（Mormont，1990，第27页）。这造成的结果就是农村社会学一直在研究社会变革产生的局部影响。洛瑞（Sheldon Lowry，1977）谈到的潜在危机源自人员、商品和服务的流动性增加使得社会活动的区域发生变动。特别是在工业化国家，当所谓的农村人可以享受到与所谓的城市居民同样的服务（学校、交通、媒体等）和同样的商品时，就很难看出城乡差异。

莫蒙特（1990）认为，地理空间对社会生活很重要。城市或农村人通过对地理空间的实际理解，了解他们的世界和他们的地位。地理空间不可能完全整齐划一。只有基于各个空间力图占有的市场价值，移动性才能构造出新的空间等级结构。因为流动性，我们在理解当地的空间时，不能再从其构成要素的角度而要从赋予它价值的外部力量角度来理解它。因此，空间仍然是身份的基础。在乡下，谁属于农村与农村空间有关，而农村空间是根据个人参与人际关系网的机会来定义的。但并非所有使用农村空间的人都是农村人。对于某些农村人来说，他们必须依附于农村空间，因为他们必须永久使用土地（而不是临时使用）；他们必须在农村空间中找到自己的社交圈（他们不同于那些将农村空间视为能与其他空间互换的人）；他们自我认知体系的构成或者他们的身份意识必须以农村空间和农村社交圈为基础。因此，"农村作为一种表现形式，主要用于分析社会和空间……这种社会和空间由社会承载并解释……它是一种作为组织原则的抽象概念和价值体系"（Mormont，1987，第19页）。归根结底，"农村不是一个具体的东西，也不是一个领地单位，它是意义的社会产物"（Mormont，1990，第36页），这种社会产物可以合法化甚至制度化，赋予某些社会群体身份。因此，农村社会学的主题可以被定义为"一系列过程，通过这些过程成员们构建起一幅农村的愿景以适应他们的环境，根据普遍的社会分工来定义自己，从而弄清自己的身份，并通过此身份为共同的事业努力"（Mormont，1990，第40页）。

贝尔（1992）和莫蒙特（1990）的方案有一定的合理性。在现代世界中，虽然地理因素并没有阻碍经济、技术和社会同质化的过程（例如现代交通系统，媒体和移民）。但研究人员表示，即使在工业化最为发达的国家，城乡差异仍然存在（Willits，1982）。尽管社会变革已经侵蚀了索罗金和齐美尔曼所描述的生态、职业和社会文化遗产间的许多联系（至少对某些国家而言），但在人口统计学、历史和类型方面仍然存在重大差异。根据辛格曼的说法，随着世界范围内的城市化，不仅有相当多的人继续在农村地区生活和工作，而且似乎社会进程在城市地区和农村地区也有着不同的结果（Singelman，1996）。也许正是由于这种差异的持续存在，才构成了被贝尔和莫蒙特所说"支撑农村身份系统"的基础。

贝尔和莫蒙特定义农村的方式存在不少问题。他们认为农村是一个身份系统，但人会以多重身份生存。这些身份或子身份与性别、宗教、家庭和其他角色有关（Breakwell，1986）。个人的确会同属于好几个集体，并且可能有不止一个身份认同。当人们在文化和社会上把自己与集体、集体的兴衰荣辱、特权和缺乏特权紧密联系在一起的时候，身份认同便展开了（Moore and Kimmerling，1995，第390页）。我们怎么知道农村身份就是所谓的农村人所拥有的最显著的身份呢？

强调农村作为一种身份认同系统，实际上是说农村是一种心态。甘斯（1962）着重指出，居住在第三世界城市棚户区的人们的确是"城市村民"，因为他们拥有农村身份。可以想象，尽管在城市居住多年，这些人的后代仍可能会继续成为"城市村民"，是否应当视这些人为农村人？如果是这样，很多情形会符合农村的定义，从而使这一概念变得不明确。

最后，问题仍然存在——是否能把农村概念化为一种身份系统，一种具有经验参照价值的分析结构？可能很困难。在某种程度上，"农村作为一种身份认同系统"这一定义仍然建立在同一假设上，即：地理空间对人类行为产生影响以及如何将人类行为聚合成固定模式（与农村的其他概念一样）。莫蒙特（1990）认为，空间作为身份的基础，不是以当地空间为构成要素的，而是通过外部力量赋予当地空间以价值。这种差异似乎是语义问题。在我们看来，农村作为一种身份系统并没有得到充分细致的阐述。因为如果农村是一个身份系统，那么理论上我们应该能够指明构成这个系统的各个角色。角色能使他人对一个人进行分类、理解和预测其行为，得出"你是谁？"这个问题的答案。正如贝克和福克纳（1991）所论述的那样，"角色是一种资源，在具有相关权利和义务的社会群体中证明公民的身份，没有角色的人就像没有归属的人"（Baker and Faulkner，第284页）。明确农村的角色构成将有助于回答谁是农村人以及作为一名农村人带来了哪些影响的问题。个人对农村身份的认同必须具有现象学上的真实性，并对自我评价产生影响。我们有必要知道本质上是统计实体（生活在农村）的这个社会类别，是如何转变为一个人类群体（即农村人口）的，这是一个有着共同事业和身份的社会心理实体，身处这个实体中的人会依据其身份采取相应的社会行动。

结语

正如我们在本章前半部分所提到的那样，概念定义是社会性的（Grint，1990），农村定义也是社会性的，因为它是处于特定时期的特定社会。没有所谓客观的"农村"。在其物理特征和语言学描述中，不同社会的农村是有区别的。纳米比亚的农村不一定与安哥拉（Angola）、博茨瓦纳或南非的农村相同。某些特别社会的某些社会活动会被当作是"农村"的活力。我们进而与我们口中的农村人以及那些将自己视为是农村人的人们展开互动，并且了解到他们所处的社会组织有别于我们所描述的城市社会组织。农村人认为他们的情况与城市人的情况不同。在研究"农村"和"农村人"时，应该着重关注这些不同观念的实质和其影响，以及它们所产生的行为。

除了人口密度较低外，非洲南部（包括纳米比亚）的政府和社会学家目前对农村社会的定义有以下重要共同特征：生活物质水平低下；依附当地资源的收入占比高；强调社会关系模式中的亲属关系；依赖人力运输和生产；依靠强大的地方技能广泛开展基本的经济和文化活动（建筑、农业、畜牧业、道德社会教育及仪式活动）；社会变化快（Baker，1991，第42页）。

当然，以生态学和社会学的观点，这一区域存在各种各样的农村情形，概括化地定义是不明智的（Hardiman and Midgley，1989）。目前关于纳米比亚和非洲南部地区农村的概念只是暂时的,它符合我们殖民地和后殖民地形势的现实,并在这些现实中得到发展。可以确定的是,正如西方工业化国家所经历的那样,社会变革在解决问题的过程中可能会改变生活标准普遍低下的情况,摆脱对人力的依赖。在该地区的一些国家(例如在博茨瓦纳、纳米比亚和南非的偏远地区),农村电气化计划可能预示着农村地区对人力依赖的转变。许多非洲南部的村庄已经有了手机技术,农村地区卫星电视的发展只是时间早晚的问题,道路的铺设[跨卡拉哈里走廊(Trans – Kalahari)和跨卡普里维走廊(Trans – Caprivi)就是典型的例子]已经将许多农村地区与大都市连接起来。贝克(1991)所提到的农村地区的许多特征都难免会受到侵蚀。农村地区仍将存在,但必须寻求新的农村概念以适应不断变化的情况。

概念回顾		
·集体主义	·乡村主义	·群体
·发展	·礼俗社会	·法理社会
·生计	·人口密度	·人口规模
·角色	·农村主义	·城乡连续统一体
·社会变革	·现实社会构建	·城市
·城市作为一种生活方式		

新出现的问题

1. 纳米比亚乃至非洲南部的社会科学必须关注农村地区和农村人口,因为大多数人都认为自己是农村人或被认为是农村人;这些国家的农村地区对发展构成了最大的挑战,因为它们的特征是不平等以及既相对又绝对的极端贫困。农村地区以向城市移民的方式向城市地区不断施压,由此带来了非正规住房或棚户区增长的问题。

2. 确实没有一种定义农村地区的正确方式。我们可以大致区分政府定义和社会学定义。

(1)一些政府从人口规模方面来理解农村地区;另一些则通过职业来确定人口标准,还有的则从行政分类的角度看待农村地区。

（2）同样，社会学家对农村地区的定义也有着各自不同的看法。一些人认为农村是城乡之间或乡村和都市之间的连续统一体，而另一些人则将农村地区看作一个群体。最近的一个定义是将农村地区作为一种身份系统来理解。

3. 目前关于农村地区的所有概念都有理论上的或是其他方面的问题。记住这些概念的要点是，农村是社会建构的，随着地域和时间的不同，农村也不同。对定义农村地区具有重要意义的综合因素在不断变化，但是任何时候农村的定义都必须考虑那些自称农村人的民众的感受以及他们对农村的定义。

参考文献

Alexander, J.; 1983: *Theoretical Logic in Sociology Vol. 3*, Routledge and Kegan Paul, London.

Baker, W. and R. Faukner; 1992: "Role as a Resource in the Holly-wood Film Industry", *American Journal of Sociology*, Vol. 97, pp. 279 – 309.

Barker Jonathan; 1991: *Communities under Stress: Peasant Farmers and the State in Africa*, Cambridge University Press, Cambridge.

Bealer, R.; 1975: "Theory and Rural Sociology", *Rural Sociology*, Vol. 40, pp. 455 – 477.

Bell, M.; 1992: "The Fruit of Difference: The Rural-Urban Continuum as a System of Identity", *Rural Sociology*, Vol. 57, pp. 65 – 82.

Binns, J.; 1994: *Tropical Africa*, Routledge London Breakwell.

Connell, L.; 1978: *The End of Tradition*, Routledge and Kegan Paul, London.

Cox, F.; 1987: "Communities: Alternative Conceptions of Community: Implications for Community Organisation Practice" in Cox, F., Erlich, J., Rothman, J. and Tropman (eds.), *Strategies of Community Organisations*, F. E. Peacock Publishers Itasca.

Durkheim, E.; 1964: *The Division of Labour in Society*, Free Press, New York.

Fako T. ; 1983: *The Rural Classrrom Sociology*, University of Botswana Mimeo.

Friedland, W. ; 1982: "The End of Rural Society and the Future of Rural Society", *Rural Sociology*, Vol. 47, pp. 589 – 608.

Gans, H. ; 1962: *The Urban Villagers*, Free Press, Glencoe.

Hardiman, M. and J. Midgley; 1989: *The Social Dimensions of Development*, Gower Publishers, London.

Hansohm Dirk; 2000: "Alternative Paths of Economic Development in Namibia" in Fuller, B. and I. Prommer (eds.), *Population-Development-Environment in Namibia: Background Readings*, IASSA.

Hoggart, K. and H. Buller; 1987: *Rural Development: A Geographical Perspective*, Croom Helm, London.

Johnson, A. ; 1986: *Human Arrangements: An Introduction to Sociology*, Harcourt Brace Javanovich, New York.

Johnson, N. and A. Beegle; 1982: "The Rural American People: A Look Backward and Forward" in Dillman, A. and D. Hobbs (eds.), *Rural Society in the US Issues for the 1980s*, Westview Press Inc. Boulder.

Lowry, S. ; 1977: "Rural Sociology at the Crossroads", *Rural Sociology*, Vol. 24, pp. 461 – 475.

Mizruchi, E. H. ; 1969: "Romanticism, Urbanism and Small Town in Mass Society" in Meadows, P. and H. Mizruchi (eds.), *Urbanisation and Social Change*, Addison Wesley, Massachusetts.

Ministry of Health and Social Services (MoHSS); 2008: *HIV/AIDs in Namibia: Behavioral and Contextual Factors Driving the Epidemic*, MoHSS Windhoek.

Marsden, T. Lowe, P. and S. Whatmore (eds.), *Rural Restructuring: Global Processes and their Responses*, David Fulton Publishers, London.

Mormont, M. ; 1990: "Who is Rural? How to be Rural: Towards a Sociology of the Rural" in Mormont, M. ; 1987: "Rural Natured Urban Nature", *Sociologia Ruralis*, Vol. 6, pp. 3 – 20.

Newby, H. and F. Buttel; 1980: *The Rural Sociology of Advanced Societies: Critical Perspectives*, Croom Helm, London.

Pahl, R.; 1966: "The Rural-Urban Continuum", *Sociologia Ruralis*, Vol. 6, pp. 299 – 329.

Redfield, R.; 1940: "The Folk Society and Culture", *American Journal of Sociology*, Vol. 45, pp. 731 – 742.

Singelmann, J.; 1996: "Will Rural Areas Still Matter in the 21st Century: or Can Rural Sociology Remain Relevant", *Rural Sociology*, Vol. 61, pp. 143 – 148.

Stark R.; 2007: *Sociology*, Wadsworth Belmont CA.

Stinner, W., Van Loon, M., Chung, S. and Y. Byun; 1990: "Community Size, Individual Social Position and Community Attachment", *Rural Sociology*, Vol. 55, pp. 494 – 521.

Sorokin, P. and C. Zimmerman; 1929: *Principles of Rural-Urban Sociology*, Henry Holt, New York.

Cecilia Tacoli; 1998: "Rural-Urban Interactions in the Third World", *Environmental Policy Department for International Development*, Unpublished, London: International Institute for Environment and Development.

Theodorson, G. A.; 1969: *A Modern Dictionary of Sociology*, Barnes and Noble, New York.

Thomas, W.; 1951: "The Methodology of Behaviour Study" in Volkart (ed.), *Social Behaviour and Personality: Contributions of W. I. Thomas and Social Research*, Social Science Research Council, New York, pp. 70 – 82.

Tonnies, F.; 1940: *Fundamental Concepts of Sociology (Gemeischaft and Gesellschaft)*, American Books, New York.

United Nations Organization (UNO); 2006: *Demographic Yearbook, 2006*, UNO, New York.

Urry, J.; 1984: "Capitalist Restructuring, Recomposition and the Regions" in Bradley, T. and P. Lowe (eds.), *Locality and Rurality*, Geo Books, Norwich, pp. 45 – 64.

Van der Merwe, I. and R. de Necker; 1991: "A Spatial and Socioeconomic Profile of Urbanisation in Southern Africa", *African Insight*, Vol. 21, pp. 97 – 106.

Wellman, B. ; 1979: "The Community Ouestion: The Intimate Networks f New Yorkers", *American Journal of Sociology*, Vol. 84, pp. 1201 – 1231.

Willits, F. , Bealer, R. , and D. Crider; 1982: "Persistence of Rural/Urban Differences" in Dillman, D. and D. Hobbs (eds.), Wirth, L. ; 1938: "Urbanism as a Way of Life", *American Journal of Sociology* , Vol. 44, pp. 1 – 24.

第二章

农村社会群体

人类是一种社会性生物，换句话说，人类是社会群体的成员。社会群体是指基于对彼此行为的共同期望，以固定方式进行自然性和社交性互动的一群人（Eshleman and Cashion，1986，第571页）。纳米比亚社会有许多团体，这些团体的形式、功能和影响各不相同。在本章中，我们的关注点将放在广义上的分类群体，在这些社会单位中有来自不同家庭、不同种族背景的人，他们有着共同的特征，形成了共同的身份认同，这或多或少影响着他们体验农村生活的方式。我们将特别关注农村女性（和男性），农村青年和农村老年人，因为这些群体中的人更倾向于居住在一起，与彼此的联系更紧密。老年人、年轻人和妇女（以及男人）更有可能意识到在他们特有的社会类别中自己与别人的相似之处。

纳米比亚农村女性（和男性）

随着女性主义的兴起，任何关于男性和女性的讨论都将始于区分社会性别和生理性别。生理性别主要是表示男性和女性之间的解剖学、激素和生理学差异。目前的知识表明，女性染色体（XX）与男性染色体（XY）不同，这在人类社会中或多或少都是如此。专家告诉我们，虽然大多数人认为人类分为两种性别，但事实并非如此，因为还存在性染色体异常的情况。第二性征（例如面部毛发）也因人而异。与此同时，社会性别是一种社会范畴，它专指有关社会行为的经历和期待，这些社会行为在社会人看来适合于男人或者女人（也越来越多适合其他群体，例如变性人）。有时，生物性别角色和社会性别角色的概念可以互换，用

23

于描述社会期望或者男性女性所表现出的社会行为。

在纳米比亚社会中，社会性别角色各不相同。它们随着时间和生命阶段的变化而变化。社会性别是人类社会组织的一个方面，它决定着对物质和非物质资源的获取。一般而言，纳米比亚女性的地位低于男性。在该国农村地区，女性面临许多挑战和问题。本章将涉及社会性别和生理性别角色对农村地区男性女性及其工作的影响。

男性和女性的工作角色和工作类型存在文化上的差异。根据哈维兰（Haviland，1993）的观点，一般来说，传统的男性工作角色需要体力和高能量的快速调动，经常性远离家庭，承担着较高的风险和危险。人类学的证据还指出女性工作通常是那些可以在家附近进行并且在中断后仍能恢复的工作。正如哈维兰（1993）所坚信的那样，这些性别角色模式中的例外现象在纳米比亚却司空见惯。许多因素影响了纳米比亚的传统性别角色。殖民主义存在的时间虽短，但却对非洲社会，特别是对纳米比亚社会产生了深远的影响。一方面，通过使土著社会结构有意屈服于欧洲统治者，殖民主义影响了性别角色。当时来自欧洲的掌权者非常重男轻女，他们让其他男性统治，于是强化了传统性别角色中对男性的偏向，以及众多社会的父权性质。另一方面，更重要的是，殖民主义完成了沃勒斯坦（Wallerstein，1974）所说的将非洲纳入世界经济体系的目标。特别是非洲南部一度变成了大规模的矿产出产地和（规模较小的）农产品产地，这些产品出口到欧洲和北美。这些事件造成了非洲南部地区高频率的农村人口向城市迁移的现象，最终影响了城乡地区的性别比例，因为最初只有男性有可能被允许迁移到城市中心寻找工作。这种情况带来的后果是女性要负荷双倍的工作量。

双倍的工作量意味着农村女性工作时间更长，工作更为辛苦；与在城市工业环境中的男性甚至其他女性相比，农村女性要完成更多类型的任务，克服更加艰巨的困难（Stock，1995）。她们所做的事情远不止生育（即家庭领域）和生产的琐事。顺着斯托克（1995）的观点，我们将在四个标题下讨论纳米比亚农村女性和男性的工作：主要集中在家庭内部的家庭劳动；家庭外部的家庭生计活动；赚钱；正式经济中的就业。我们必须意识到一点：我们很难得到纳米比亚农村的生计活动统计数据，而且就算获得了，也很有可能是不具有信度的数据。这是因为收集确切的统计数据需要技能和资金，我们缺乏收集可靠数据的专业知识和资金

（尽管这方面的情况有所改善）。此外，许多农村地区不容易进入，并且民众的文盲率很高，他们需要很多帮助才能提供有效的数据。他们中的许多人仍然不信任数据收集者，因为他们把数据收集者与同极权政府有关的税务人员混为一谈（Binn，1994）。尽管存在着上述困难，来自纳米比亚各地的有限样本表明，农村女性为维持生计而做的工作比农村地区的任何其他群体都要多。看待这一主张必须考虑这样的背景，即这些研究依据的工作时长认定采用不同的定义和工作量度，使得对男性和女性工作对比的研究结果可能不太准确。许多人没有考虑到男性似乎过多地投入非农业活动以及随之发展的社交关系中；还有的人固守殖民思想，声称"懒惰的非洲人"不愿从事有辱人格的剥削性采矿和农业工作（Whitehead，2000）。

家务劳动主要以家庭为中心：包括做饭、打扫房屋及其周围、照顾孩子和病人。照顾孩子和病人这项工作在非洲南部许多农村地区被认为是妇女的分内工作（Carr，1991）。亚伦等人（Yorron et al.，1992）发现，纳米比亚的卡万戈村几乎也是一样的情况，在这里，打扫房子、春小米、做饭、打水和取柴火等家务活或多或少都是女性的工作。人们很少看到男人花时间去照顾孩子或照顾病人。无独有偶，托马斯（Thomas，2006）在卡普里维乡村照顾艾滋病患者时观察到：

> 照顾他人是卡普里维女性的职责，这涉及准备食物和药品，给患者洗澡，清洗伤口，抱行动不便的病人如厕或帮他们坐到阳光下或阴凉处，清洗脏衣服、床单等。这些活动不仅需要大量的体力，还占去了农村女性大量的时间，使她们与家庭之外的工作和社会活动隔绝。（Thomas，2006，第8页）

亚伦等人（1992）观察到女性在干活时背着孩子。她们用母乳喂养孩子，直到孩子开始蹒跚学步。祖母在帮母亲照顾婴儿方面尤其重要。纳米比亚的孤儿更多在农村地区而不是在城市地区，由于艾滋病肆虐，就更需要祖母照顾孙辈（Monasch and Boerma，2004）。

此外，在农村地区，女性在怀孕、分娩、哺乳、断奶和孩子的幼儿时期，每一阶段都会引起特殊的工作问题（Bantje，1995）。这些事情都会消耗较多的精力，掺杂着狼狈不堪的状态甚至是病痛。在许多农村地区，人们普遍意识到母亲和孩子都面临的危险，因此，一些习俗考虑到妇女的生育周期以保护育龄妇女。"人们还有以下一些观念：在分娩前需要休息；回到女性婚前亲属圈中，最好回到母亲身边；分娩时要有经验丰富的老年妇女参与；分娩后要休息，有特殊营养饮食，以利于哺乳；认为对女性来说隐秘是一种重要的保护机制。"（Bantje，1995）这些风俗在不同文化中虽有差异，但其共同之处恰好印证了人们认为女性最重要的任务是生养孩子的观点。这种观点在非洲南部农村得到广泛认同。

以家庭为中心的劳动负担不会平均落在所有农村妇女身上。每个妇女的劳作份额取决于她在家庭中的地位。在许多文化中，年轻的未婚女子帮助她们的母亲干家务活，如果家中有儿媳妇的话，儿媳妇会完成大部分的家务活。与其他农村妇女相比，成年女性承担的家务劳动较少（Crehan，1992，第97页）。亚伦等人（1992）发现，虽然在纳米比亚北部的奥卡万戈地区，女性的中心工作是做家务活和照顾孩子，但根据女性在家中的地位、年龄和生育子女的数量，女性花在家务上的时间有所不同。老年妇女的工作与年轻人不同；12岁的女孩干的许多活和老年妇女所做的一样。女性的家务活内容也因季节而异。

家庭外部维持家庭生计的劳动：虽然家务活烦琐艰辛，但也只在女性日常生活该做事情中占一小部分。卡尔（1991）在她的文献综述中表明，非洲南部大部分地区的女性花费在这些活动上的时间超过了总时间的70%。干农活以维持生计的大多数都是女性。在卡万戈，女性是耕种、除草和收割中的核心劳动力（Yarron et al.，1992）。她们把大部分时间都花在农业和与之相关的活动上，当然男人们也会在耕作、除草、脱粒和运输时协助她们。不同女性花在农业活动上的时间会有所差别，这取决于她们的孩子是否能够在这些活动中帮上忙。当孩子们出去上学时，女性的工作量就增加了。非洲其他地区的研究人员（例如Stock，1975）称，农作物类型可能会决定妇女在农业中的参与度。在生产日常生活所需的所有主要作物（玉米、豆类、红薯等）的农业活动中，女性占主导地位，而男性在种植经济作物（例如棉花、茶叶和咖啡）中花费的时间比女性多。总的来说，经济作物只占农村经济活动的一小部分。在非洲农村，女性负责粮食生产，男性负责种植经济作物，这是普遍的性别分工。这种分工随着殖民统治时期现金经济的出现而兴起（Stock，1975，第240页）。种植和销售经济作物实际上等同于出卖劳动力，因为它们都是纳税、赚钱、获取消费品的方法，主要是男性掌握着种植经济作物带来的收入。由于女性完全忙于操持家务，她们几乎没有机会赚钱（Binn，1994）。比恩（1994）可能夸大了这一点，因为也有一些农村妇女从事非正式部门工作，赚取一些现金以补贴家用。但是，必须注意的是"生计女性化"（Whitehead，1990）。在卡万戈，男性照看家畜，购买、出售和屠宰动物，而女性则肩负着种植粮食作物的大部分责任。在纳米比亚的背景之下，男人们干的这类家务活，其功能等同于农村男性挣钱的工作。

我们需要对本节中所讨论的差异加以细致全面的考虑，以便正确理解这些差异。一是农村女性的工作量远远大于城市女性的工作量。以取水为例，大多数城市女性可以获得安全的饮用水，这意味着她们用的水会被输送到房子里或家附近，没有必要走很远去取水。根据 2006 年纳米比亚人口统计调查结果，78.8% 的纳米比亚城市居民是幸运的，他们的住所中有自来水管道；另有 19.8% 的居民可以使用附近的公共用水管道，98.8% 的纳米比亚城市家庭能够获得安全用水。纳米比亚农村女性的对比数据为：她们中的 28.6% 在其住宅内有自来水，她们中的 17.2% 可以使用公共用水管道，56.3% 的纳米比亚农村家庭能够获得安全用水。许多纳米比亚农村女性必须为全家去取水。另一个例子是做饭使用的能源。根据 2006 年纳米比亚人口统计调查，63% 的纳米比亚城市家庭依靠电力作为烹饪能源，农村地区的对比数据为 7.3%。大约 88.5% 的纳米比亚农村家庭依靠柴火做饭。如果一家人要吃饭，妇女们就必须出去砍柴。二是"农村和城市家庭的规模存在显著差异。农村地区有 13% 的家庭拥有 9 个或 9 个以上家庭成员，而在城市地区这种规模的家庭只有 6%。——这意味着农村地区的平均家庭规模大于城市地区（4.9 与 4.0 相比）"（NDHS，2006，第 8—9 页）。根据 2006 年纳米比亚人口统计调查，城市家庭平均规模为 3.9 人，而农村家庭平均规模为 5.2 人。无论哪种情况，对农村女性来说都意味着要干更多的活。三是由于环境恶化，农村女性又得照顾家中的艾滋病毒感染者或艾滋病患者，工作量不断增加。

以非正式和正式部门为主的经济活动：由于殖民统治及后来发生的一切，现金经济几乎渗透到纳米比亚和非洲南部的所有地区。如果理解农村经济的一个维度是生产—再生产二分法，那么另一个维度则是货币化和非货币化的活动。没有人能做到完全不需要钱。许多农村居民确实可以通过非正式经济渠道获得现金。据此，克里汉（1992）认为，活动货币化程度对于理解商品和服务的交换基础以及个人和家庭基于现金支付进行生产和再生产的程度至关重要。在纳米比亚，大部分以家庭为中心的劳动都是非货币化的，其中很大一部分是女性从事的无偿家务劳动。许多家庭维持生计的活动也没有货币化。然而，这些活动有时确实会产生剩余，这样便产生了商品，商品进入现金经济，由此进入货币化活动领域。直接销售劳动力（雇佣劳动力）也是如此。因此，货币化活动分为两类：正式的经济活动和非正式的经济活动。非正式经济活动是指有时涉及现金的交易，这些交易不属于正式就业。这种交易肯定会绕过政府及其规划机构的政策、规则和条例。而正式经济活动是被政府批准的。

非正式部门的经济活动：农村女性在非正式部门工作的情况正在增加。"通常，女性所从事的活动与其农业活动有关，对营运资金的需要较少，这些活动与她们现有闲余时间不冲突并能为她们提供可支配的收入。"（Saito et al.，1994，第25页）在纳米比亚，非正式部门的工人被称为自营工人。需要注意的一点是，女性自营工人多于男性。

在非正式部门中，城市和农村男性所占比例分别约为7.3%和8.3%，相比之下城市女性的占比却在9%和10%之间。农村妇女的占比最高，2004年至2008年期间略微下降，从16.2%降到13%。因此，在非正式部门工作的更多是农村妇女。尽管有上述数据，焦奇等人（Jauch et al.，2009，第32页）还是提醒"尽管自给女性农民被归类为自营劳动者，但她们的劳动力主要是保障家庭粮食供应，而不为她们提供现金收入"。

亚伦等人（1992）在对纳米比亚奥卡万戈（Okavango）的研究中发现，17%的劳动力在非正式部门工作，接近10%的家庭的收入来自这一渠道。大约13%的非正式部门职业由女性承担。表2-1表明在纳米比亚非正式部门中，女性多于男性；劳动部也证实了此说法（2001）。对卡万戈的研究所涉及的大多数活动都是在家中完成的，都与农业有关，并且与妇女干家务的时长大体相同。它们包括啤酒酿造、编织渔网、垫子和篮子，制作陶器、家具，租牛、捕鱼、出售木柴、食品、搭建茅草屋等活动。对于奥卡万戈的妇女来说，啤酒酿造是这些活动中最为重要的一项。啤酒（在当地语言中，啤酒为"cuca"）主要在啤酒商店和社交活动中出售，例如在"纳加木比"上出售（"纳加木比"是当地一种社交活动）（Yarron et al.，1992）。亚伦等人（1992）发现，老年妇女在编织垫子、篮子和渔网方面技巧颇丰。渔网包括溪盾夹（一个直立装置）和溪库库（漏斗形装置）（在当地语言中"溪盾夹"和"溪库库"分别写作"situnga"和"sikuku"）。这些渔网可以出售，也可以自家用来捕鱼。在卡万戈，没有自己田地的女性在其他人的花园里打工以获得报酬。纳米比亚的篮筐大多来自卡普里维、卡万戈和前奥万博兰（Ownboland）的四个地区，来自库内内地区的则较少（Terry et al.，1994；Suich and Murphy，2002）。妇女以传统手艺制作这些篮子，收割时可用于收藏、储存谷物、筛粮食、采摘，运输粮食和其他物品（Suich and Murphy，2002）。

为什么越来越多地农村妇女参与纳米比亚的非正式活动？是由于自然环境恶化、自给经济不景气、干旱、就业机会缺乏、人口增长等因素，妇女别无选择，只能在非正式部门谋职。人不能没有钱，而非正式部门提供了获取现金最明确的方式。为弄明白此事，劳动和社会服务部（2001）发现，在农村和城市地区，在非正式部门干活的人都是因为家庭需要额外收入（49%），他们没有机会找到别的工作（29%）来获取较高的收入（6%），他们更倾向于自谋职业（4%）。

女性在非正式部门工作反映出她们进入这类部门很容易。大多数非正式部门活动实际上是家庭日常劳动的延伸，它们很廉价，不需要许可证，只需要很少的资金投入，使用的技术是当地的技术。非正式部门活动灵活性强，不需要从更艰巨的维持生计任务中占据过多的时间。苏伊希和墨菲（Suich and Murphy，2002，第18页）发现，在卡普里维，"编织不是女性的全职工作，只是用来填补其他生计活动的时间空档的工作。但是女性会优先考虑完成其他活动，诸如种粮食、做日常家务琐事。日复一日，只有完成这些家务，妇女们才会去编织"。这既是非正式部门的优势，也是非正式部门的弱点（Dixon，1979）。非正式部门中以赚钱活动为中心的工作大多数并非全职工作，所以从中赚不到多少钱。"许多至关重要的挣现金的机会都是季节性的，通常一年只有一次收入——出售玉米、割草、割芦苇、割高粱秆。这些活路只有在收割完庄稼后才有"（Suich and Murphy，第20页）。非正式部门活动在资金、技术和时间上的投入均不足，在与更具组织性的正式企业的竞争中，非正式部门越发萎靡不振。当苏伊希和墨菲（2002）向卡普里维的女性问及编织篮子和销售篮子的困难时，她们谈到了收集生产篮子所需原材料的困难、编织的艰辛以及营销困难和回报低的问题。卡普里维一些女性要步行180公里到卡蒂马穆利洛（Katima Mulilo）为她们的篮子寻求销路，可这样的投资并不足以养家糊口。此外，根据规定，非正式劳动部门不在政府备案范围之内，这使得这类行业只能听任政府官员滥用条例搜刮女生产者和服务人员的钱财。

正式部门就业：也即有义务向另一个人、机构或组织交付报酬的正式工作。个人与国家经济之间最重要的联系之一就是他是否有工作。就业是许多人的身份来源，也是收入来源。这在经济日益货币化的非洲南部农村地区表现得越来越明显。就业显然提高了女性的独立性，因为它有助于女性摆脱家庭角色的限制。通过就业获得的固定收入使得（农村和城市）女性有权决定支配其收入。

正式部门就业困难是整个地区的一个大问题。该地区大多数国家的经济增长率都很低，并演变为经济低迷，以致无法满足公民的就业需求。2008年纳米比亚劳动力调查（劳动和社会服务部，2008）显示，目前的失业率为51.2%。农村地区失业率高于城市地区，在农村地区寻找工作的人有47%处于失业状态，而城市地区则为31%。女性失业率更高，因为66.8%的失业青年是女性。有一些原因造成了就业率的性别差异。影响个人就业状况的因素之一就是教育和培训。纳米比亚女性受教育和职业培训水平相对较低；家务琐事占用了她们的时间，使她们难以找到工作。纳米比亚社会非常重男轻女，尽管这种情况已经有了明显的改观（Mufune et al.，2008），但女性无法搬迁到与男性享有相同工作岗位的地方。最重要的是，与男性相比，女性权力和地位较低，因此在就业方面受到歧视。虽然纳米比亚已通过立法保障妇女平等参与发展，但仍没有给这种平等参与提供机会。

正式就业部门的男女数量存在明显差异。根据2008年劳动和社会服务部的纳米比亚劳动力调查，28.5%的纳米比亚女性有正式职业，而男性就业率为41.6%。如果女性的就业情况普遍较差，那么农村女性的就业情况就更不乐观。农村妇女就业率约为16.8%。农村男性的可比数字为29%，城市女性为46.5%。

表 2 - 1　　　　　　　　　纳米比亚就业状况分布　　　　　　　单位:%

就业类别	城市男性		城市女性		农村男性		农村女性	
	2004	2008	2004	2008	2004	2008	2004	2008
自营工人	7.3	7.3	9.4	10.5	8.5	8.3	16.2	13.0
政府或国企职工	26.6	—	29.6	—	14.7	—	15.3	—
私营企业职工	60.3	—	54.6	—	47.5	—	31.8	—

资料来源：劳动和社会服务部，2008；劳动和社会服务部，2004。

　　农村女性的大部分就业源自于政府服务，如中小学、农村保健中心、农业外延服务和建筑业，她们也受雇于私营部门（例如啤酒商店）。相比之下，城市女性不仅在政府和私营部门工作，她们中略高于四分之一的人（即25.8%）受雇于私人家庭。在农村地区受雇的许多女性不一定来自农村地区，有些女性更有可能来自城市，她们有更多的教育机会，这赋予她们优于农村女性的就业优势。尽管农村地区的许多工作报酬并不理想，被认为是典型的女性职业，但它们仍非常有吸引力。

　　社会问题：对于关注非洲农村的研究人员和学者来说，女户主家庭（FHHs）一直是他们重点讨论的对象。女户主家庭的潜力及其相关问题极具吸引力（Peters，1995）。女户主家庭可能会扩大女性在生活中的决策自由。它们展示了女性在家庭层面的领导能力，从政策角度来看，社会性别为认真分析和谨慎行动提供了一种方案。它还揭示了非洲农村的许多问题（即贫困、不平等和歧视）。

　　给家庭这个术语下定义并不容易，因为它因地而异，因文化而异，不同地方不同文化的家庭形式不同、规模也不同。家庭的基础是血缘亲属关系，它的复杂之处在于"不同的文化和不同的社会群体之间，他们对血缘亲属关系以及如何将血缘亲属关系转化为日常生活制度的理解差别很大"（Crehan，1990，第87页）。在西亚和东亚，家庭一词具有代表该地区宗教、法律和金融传统的集体特征，这与其他地方完全不同（Ekejiuba，1995）。最初在非洲背景下使用该术语的西方学者强调典型的家庭由一位父亲、一位母亲和他们的子女组成；男性是主要的养家者和决策者，这带有一定的局限性和民族中心主义。关于家庭的界定，家庭内部权威的性质和决策，甚至家庭形式的讨论仍在继续。本书将"家庭"定义为共用一座住宅或一组住宅的所有有血缘关系的及无血缘关系的人。正如艾伦所说，"家庭基本上就是与你共享家园的人"。同时，家庭包括与你有家族联系的人或你以其他方式定义为亲属的人。"无论他们是否与你同住，他们都是你的亲属"（Allen，2007）。

许多情况下，经济生产、消费、养育子女和住房都是在家庭范围内展开的。女户主家庭恰好就是这种类型的社会群体，它们由女性负责。但这个定义不是一成不变的，因为女户主家庭的构成和活动是各种各样的。拉方特（La Fonte，2007，第7页）称，在纳米比亚，"39%的城市家庭和44%的农村家庭由女性担任户主"。2006年7月纳米比亚人口与健康调查数据显示"56%的家庭以男性为户主，相比2000年下降3个百分点，而1992年至2000年间则下降10个百分点。相比之下，女户主家庭从1992年的31%增加到2006年的44%，农村家庭的户主比城市家庭的户主更有可能由女性担任（47%与40%例比）"（NDHS，2006）。死亡、遗弃和战争等造成了性别比例失衡，使农村地区女户主家庭似乎更多。

彼得斯（Peters，1995，第103页）表示，"目前对非洲的研究表明，一些女户主家庭的形成纯属偶然"。艾肯（Iken，1999，第179—183页）的研究表明，在纳米比亚南部那马部落的女户主家庭中，女性宁愿终身不嫁，因为她们害怕失去决策权，这种担心源于男性拥有固定收入和高薪工作。她们中的许多人认为大多男性没有达到她们对婚姻伴侣的要求。

由于难以给女户主家庭下操作性的定义，我们无法真正确定非洲南部地区女户主家庭的确切数量。虽然不能否认女户主家庭存在的事实，但大多数女性都会结婚（Peters，1995）。以下这样的婚姻不在少数：分居婚姻、正常的法律意义上的婚姻和由社区或政府批准的婚姻。对于许多女性而言，女户主家庭可能意味着暂时的或者经常性的没有常住男性。根据彼得斯（1995）的观点，女性是生活在女户主家庭还是生活在男户主家庭，取决于是否有男性与她们一同生活，或者她们是否在两名与她们一起生活的男性之间居住。因此，我们可以区分出事实上的女户主家庭（因劳动力迁移，长期没有男性的家庭或一夫多妻制家庭）、法律上的女户主家庭（女性目前没有合法丈夫，并被认可）和女户主家庭（女性是家庭的主要成员，无论男性是否是名义上的户主）。有时非洲的统计数据会混淆这些分类。

齐藤（Saito，1994）将非洲南部的女户主家庭的诸多特征总结为以下四点：（1）家中的女性比男性更年轻。（2）来自女户主家庭的儿童平均受教育年限多于来自男户主家庭的儿童。（3）作为一家之主的妇女受教育程度低于男性和其他妇女。（4）女户主家庭的土地持有量远少于男户主家庭的土地持有量。

齐藤（1994）所阐明的人口变量影响着家庭获得收入的能力，进而影响生活在这些家庭中的人的生存机会。鉴于上述因素，女户主家庭在农村生存机会方面的明显劣势并不令人意外。这种相对缺陷的综合影响使女户主家庭难以生产足够的食物。对此她们采取了应对策略，强调种植较少的作物、吃营养较少的食物及使用简单的耕作方法。这使得她们面临更穷的风险。然而，女户主家庭不应与贫困挂钩，因为并非所有的女户主家庭都是贫困家庭。来自非洲国家的数据表明，有稳定存款的女户主家庭比没有存款的女户主家庭生活好得多（Saito，1994）。那些能妥善处理当地社交关系的家庭必定会过得舒心一些。（Peters，1995）。例如，班德亚帕德耶（Bandyopadhyay，2004）发现，卡普里维的女户主家庭享受的保健净支出比男户主家庭高。农村地区的已婚女性不一定比女户主家庭中的女性过得更好。根据习惯法，在该地区的许多地方，婚后在丈夫的监护下，女性成为"未成年人"，她也可能不会有财产独立性（Osei–Hwedie，1995）。

纳米比亚农村青年

在进入主流生活之前，青年阶段正是探索世界、畅想未来和思考人生的好时候（Braungart，1986）。在我们理解农村青年的生存模式之前，我们首先需要定义青年这一概念，然后通过纳米比亚的例子来讨论农村青年的经历。

定义青年这个概念绝非易事。一般来说，童年和成年之间的时期被称为青年，但这个时期的界限实际上会因社会而异，会根据社会中的不同角色发生变化，会因社会变革和所处社会日益复杂的程度而不同。考虑到这一点，霍罗曼（Hurrelman，1989）不禁指出，对青年的真正定义不应该有固定的年龄限制。它应该被视为一个独立的具有集体经验的人生阶段，是社会文化的特殊产物。这是社会结构性问题对个人发展和社会定位提出的要求和必要的生命阶段（Hurrelman，1989）。根据希思（Heath，2007）的观点，"社会学家使用青年这个词来指代一个社会建构的生命阶段，这个阶段不仅具有文化特异性，而且也是特定历史时期的产物。按照这种观点，青年被广义地解释为由社会结构、特定年龄结构和社会期望所塑造出的集体经验"。尽管如此。纳米比亚仿照联合国系统和英联邦国家以年龄来界定青年——15 至 35 岁被视为青年（纳米比亚共和国政府的国家青年政策）。纳米比亚的人口金字塔中基础部分庞大，这表明出生率较高，因此较低年龄段的人口集中。所以，该国大多数人都在此青年定义的范围之内。

由于年龄、性别、教育等存在差异，因此不宜对青年下概括性的定义。尽管如此，对其他发展中地区的研究表明，农村青年对农村群体的态度最"现代"。在个人志向、价值观和世界观上，他们最接近城市群体。这并不让人惊讶，因为农村青年所处的环境使他们接近所谓的现代性。青年人比农村地区任何其他群体更有可能接受教育。特别是在纳米比亚，超过 90% 的男女青年都能接受教育。农村学校开设的课程与城市学校的课程相似而不相同。他们的课程中最重视阅读、写作和算术等技能的学习。但学校作为社会化的机构，通过地理、历史和理学教给青少年世界性的重大议题。潜在课程包括传授社会价值观（在许多情况下包括政治上占主导地位的城市价值观）。在纳米比亚，学校主要是为未来工作做准备，这些工作大多位于城市地区。几乎可以肯定的是，获得良好教育的年轻人（高中教育就为此类教育）终会移居到城市地区。

谈到移民，农村青年是农村地区最具流动性的群体。他们通过旅行和阅读了解城市的情况。这种情形并非只出现在纳米比亚或非洲南部地区，其他发展中地区的研究也反映出同样的情况。斯里瓦斯塔瓦（Srivastava，1990）在对印度农村青年的研究中发现，正式教育是决定青年现代化程度的关键因素，它对个体现代性的各组成要素有着明显的影响。埃孔（Ekong，1988）比较了尼日利亚（Nigeria）城乡 300 名中学生的未来职业和教育愿望，卡方分析显示，两组青年之间没有明显差异，因此他认为，尼日利亚政府提供的免费教育与青年愿望的相似性有因果关系。对纳米比亚城乡青年的研究表明了什么呢？情况似乎相当复杂。费尔韦瑟（Ian Fairweather，2006）对那些说恩顿加语的农村青年的研究表明，尽管政府极力强化青年的农村性，农村青年仍带有"现代性"。据他介绍：

> 在中北部农村地区，说恩顿加语的年轻人并没有表现出与国家的对立。但他们为象征着全球现代化事物而生的热情，特别是对音乐时尚的热情，的确挑战了国家强加于他们身上的乡村性和地方性。然而，他们并不认为参与传统文化表演是与现代性相对立的。相反，在这种情况下，表演"传统"音乐和舞蹈使他们有机会把传统定位为久远且浪漫的过去，这种过去与当今大都市有着明显的区别，青年人们以这种方式来展示他们的现代性。在重现过去的过程中，年轻人只认同过去的部分文化，这种情况对创造性的发明总是间接的和开放的，因此传统与现代之间的界限总是表现得不明显。（Fairweather，2006，第10页）

费尔韦瑟（2006，第13页）继续论述，农村青年的快速发展正在模糊农村传统主义与城市现代性之间的界限，"这不是城市化而是全球化，在决定对'传统'的态度上全球化的作用最为显著，并且被科马雷夫斯（Comaroffs）称为'电子时代产物'的那一代人越来越多地用这些基本要素来主张其现代主体性"。

厄纳·丘德（Erna Keulder，2003）的深入研究着眼于纳米比亚青年的文化和行为。这些青年样本来自大温得和克地区（因此能代表城市青年）。通过询问青年未来的目标和实现目标的潜在障碍来确定他们的目标和志向。大多数（83.7%）年轻人表示他们对未来持乐观态度。他们指出，纳米比亚青年的主要问题是教育、就业和健康。虽然年轻人与各种各样的人亲近，但他们把家庭成员（尤其是父母）看得最重要。在这次调查中，大约91%的年轻人认为农村和城市文化之间存在差异。然而，这一结果来自城市青年样本，他们中一半人是在农村地区度过童年的，但他们觉得自己优于农村青年。丘德（2003）发现，这个样本中的都市青年对农村地区的印象就是人们关于着装的规定（例如女性的传统服装）以及讲什么语言（"北方不讲英语"），农村人对如何行事也有规定。通过总结城市青年对自己与农村同龄人差异的看法，丘德（2003）认为，如果将两种生活方式描述为两种类型，可能会看到以下词语：

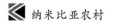

　　城市：先进高级，享有特权，现代化程度高，教育良好。
　　农村：勤劳，规规矩矩，作风传统，民风淳朴。

　　不幸的是，丘德（2003）的研究出于比较城乡的目的，由于缺少农村青年代表而有局限性。

　　因多戈（Indongo，2006）的研究考察了纳米比亚农村和城市青年在计划生育、性与繁衍后代（SRH）等方面的行为。她发现农村地区的年轻女性使用避孕药具的可能性低于城市地区（比值 = 0. 623）。据她介绍，居住在城市地区的年轻女性中，58%的人使用避孕药具，而农村地区只有48%。因多戈（2006）发现生活在城市或农村影响着与母亲就计划生育问题的讨论。农村地区的女性青年与母亲讨论计划生育的可能性比城市地区更高（比值 = 1. 694）。这项研究与纳米比亚人口与健康调查（2006）结果相符，该研究发现，青少年的住所影响着他们对避孕套来源的认知。所以，94.5%的城市青年知道在哪可以买到避孕套，相比之下，农村青年这一比例则为85%。纳米比亚人口与健康调查研究发现，农村（64.5%）和城市（65.4%）青年在艾滋病综合知识方面并没有显著差异，在性行为方面也没有重大差异。考虑到医疗服务的便捷程度，因多戈报告中城乡女性青年避孕药具使用存在显著差异是可以理解的。纳米比亚农村地区的人去诊所和保健中心的机会极少，这些机构恰好又是计划生育技术的主要提供者，包括提供避孕药和避孕套。同样地，尹登戈的研究有局限性，因为它只考虑到女性、性和生殖行为。

　　丘德和斯比尤克（Spilker，2001）探讨了纳米比亚年轻人参与该国社会政治生活的程度。他们研究的关注点是青年人参加公民会议、政治会议以及抗议活动的情况。在此基础上，他们将青年参与者分为四种类型：潜在的抗议者，社会参与者，政治参与者以及无心社会活动或对社会活动不积极的人。据他们说，首先，城乡差异对人们参与抗议活动的影响微乎其微（城市和农村青年都有可能不是抗议者）；其次，他们发现抗议者平均而言比其他人更穷，无论是住在农村还是城市，抗议者都来自收入最低的家庭。整体而言，丘德和斯比尤克（2001）发现抗议者的受教育程度略低于其他人。然而，在城市地区，抗议者受教育程度高于其他地区，在农村地区，抗议者受教育程度低于平均水平。尽管根据丘德和斯比尤克的观点，纳米比亚人对政治的漠不关心并不局限于任何青年团体或地区，但在政治方面农村地区比城市地区更为活跃。与此同时，城市青年会更积极地参与社会活动。

总的来说，纳米比亚研究中出现的问题是，农村和城市地区的青年人在世界观和人生追求方面几乎没有差异；当涉及与服务便捷程度相关的事物（即发展因素）时，则出现了差异。虽然避孕药具较少、学校较少、收入较少等，但农村青年的看法、志向和世界观可能与城市青年没有太大区别。玛菲尤恩等人（Mufune et al.，1994）对赞比亚城乡青年的研究得出了类似的结果。

纳米比亚农村老年人

在日常生活中，我们将老年人概念化为一种社会建构（Giddens，1989；Weeks，1992）。在非洲的许多地方，人们基于外表、衰弱程度甚至能力诸因素定义和再定义老年。虽然老年与实际年龄相关，但很少有老年人真正清楚他们的实际年龄（如果你不知道自己的确切年龄，你怎么定义你有多老）。

在西方国家，老年与享受退休福利待遇的特定年龄有很大关系（Giddens，1989）。在非洲南部农村许多地方（包括纳米比亚），老年与退休并没有太大意义，因为许多老年人可能从未有过正式职业。许多老年人仍然倾向于养牛及其他牲畜，他们以做园艺工作、做饭、缝纫等许多方式协助养家。即使是那些体力较弱的人，也会参与舂谷、剥玉米、串豆子等家务活，并干一些有用却耗时的活。在农村地区，年轻人去城镇工作，将自己的孩子留给家中的老人看护。桥本（Hashimoto，1991）发现在津巴布韦农村地区这种"越代"家庭很常见。从20世纪80年代后期开始，随着许多儿童因父母死于艾滋病而成为孤儿，老人更多地肩负起养育孩子的重任。非洲南部的艾滋病被称为祖母的病，这并非毫无缘由（Lesetedi，1996）。

正如韦克斯（Weeks，1992）认为的那样，老年人的社交圈与年轻人的社交圈大不相同。造成差异的部分原因是老年期是失去社会关系的时期。它意味着失去了工作和同事关系，失去了子女——因为子女搬去了他们自己的家，以及失去了故去的和移民他乡的亲朋好友（Giddens，

1989）。更重要的是，老年也因年龄分层而不同，因为随着人们年龄的增长，他们的社会地位和角色也会发生变化（Weeks，1992），他们所承担的义务和期望也会改变，他们的某些行为会被认为是不适当的。

在西方已经发展出好几种年龄分层理论。其中包括冲突理论和结构功能主义理论。一般而言，冲突理论家认为，老年人是少数人，他们无力保住自己的工作和社会特权（Eshleman and Cashion，1986）。在这种情况之外的就是那些能够维持其财富的人。在为社会机构服务了一辈子之后，他们遭到社会的抛弃并被更健康、更强壮、更敏捷的年轻人所取代。如果他们仍留在这些机构工作，他们得到的回报比年轻人少。年轻一代负责制定政策的人和立法的人歧视老年人，由于担心增加税收，他们不主张给老年人提供福利支持。当然，老年人的情况因性别、阶级和种族而异。结构功能主义者则坚信，使用技能更熟练的年轻劳动力时，社会运作会达到最佳状态。因此，老年人退休对社会有好处，因为这可以阻止身心能力下降的人（老年人）处于领导地位（Eshleman and Cashion）。当老年人从社会角色中退出并开始为离世做准备时，他们会做出正常的、健康的调整以适应衰老，这种观点被称为脱离理论。脱离理论与象征性互动论者的活动理论不同，活动理论认为老年人倾向于在中年后期改变路线，从而找到新的角色、状态和活动。他们不会简单地退出社会，他们会与孙子孙女一起嬉戏、旅行、找到新的追求等。

结合冲突理论和结构功能主义以及对有关现代化作品的见解，考吉尔（Cowgill，1979）试图弄明白第三世界老年人的情况。他观察到，虽然西方工业国家的老年人地位也在下降，但在传统的农村地区，老年人的地位往往会上升。考吉尔（1979）提出了一个以医疗卫生技术、经济技术、城市化和教育为中心的现代化解释。在工业环境中，这四个因素通常会降低老年人的地位（Weeks，1992）。这种情况之所以会发生是因为，首先，医疗卫生技术给许多人活到老年提供了保障。这类老年人尝试与年轻人竞争，但最终失败了，退休成为他们的命运。由于身份地位主要来自工作，退休后失去工作会降低他们的身份地位。其次，经济技术造就了以城市为中心的现代化。年轻人迁移到城市，他们找到的工作比他们父母的工作更为体面。再次，城市化本身也是一个因素，它使得一家几代人居住在不同的地方（Weeks，1992）。这减弱了老一辈人对年轻人的管控，进一步降低了老年人的权力和身份地位。最后，现代化带来的教育比经验更具有技术含量，更多年轻人接受过这种正式教育。与老年人相比，年轻人受到更多教育（以现代正式术语），这提高了年轻人的身份地位。

非洲南部农村地区的老年人社会状况如何呢？他们的社交圈是怎样的呢？与其他大洲相比，非洲（指纳米比亚）的老年人较少。这在一定程度上是因为非洲的贫困不发达导致了人均寿命极低。女性的人均寿命较长，因此比男性更容易活到老年。该地区关于农村老年人的数据库甚至比青少年的更为精简。尽管当今老年人口中城市居民越来越多，但在大多数发展中国家，农村地区的老年人口仍然远远多于城市地区（Martin and Kinsella，1994）。

世界各国对待老年人的方式各不相同。在西方国家，社会保障计划比较到位，可以帮助穷人，这其中就包括老年人。特别是在美国，大多数 65 岁以上的人（即老年人）从社会保障中获得大部分收入，这项计划始于 20 世纪 30 年代的经济大萧条时期（Eshleman and Cashion，1986）。那些因某种原因没有资格获得社会保障又没有其他收入的老年人有资格获得补充保障收入。这些计划所需的资金不多，但对他们却非常有帮助。在南部非洲只有少数国家如南非及其曾经的殖民地纳米比亚、博茨瓦纳、莱索托（Lesotho）和斯威士兰等国制定了针对老年人的社会保障计划。

在纳米比亚，卫生与社会服务部（MHSS）先前实施了这一计划。2004 年，养老金（OAP）的责任从卫生和社会福利部转移到劳动和社会服务部。60 岁及以上的人，无论他们过去和现在的工作收入如何，只要他们是纳米比亚人或永久居住在纳米比亚，就会得到养老金。目前，养老金领取者通过银行（12.8%）、邮局（19.6%）或流动单位（64.5%）领取款项。其余的通过其他机构（如养老院）领取补助金（Levine et al.，2009）。

根据莱文等人（Levine et al.，2009）的说法，养老金基于两项法律：1928 年的《养老金法》和 1992 年的《国家养老金法》。同时还必须提及 1973 年通过的旨在专门帮助老年人的《社会养老金法》。1990 年以前，无论收入和性别如何，政府都必须向所有 60 岁以上的公民每月支付 92 兰特养老金。但根据种族隔离政策的规定，不同种族和族裔之间养老金额存在差别（表 2-2）。

表 2 - 2 　　　　　　　　　　独立前后社会现金转账总值 　　　　　　　单位：兰特

年份	奥万博，卡万戈，卡普里维	有色人种	里霍博斯（Rehoboth）"贝斯特人"	赫雷罗族，那马族	班图族	达马拉族	白人	最高值比最低值
1989	55	192	150	65	100	75	382	7：1
1990	92	192	150	92	100	92	382	4：1
1991	92	192	150	92	100	92	382	4：1
1992	120	192	150	120	120	120	382	3：1
1993	120	192	150	120	120	120	382	3：1

资料来源：Levine, S., S Van Der Berg, D. Yu（2009）。

1990 年（独立年）之后，这种差别消失了，最低养老金现金转账为 120 兰特。1994 年到 1996 年，逐渐提高到每月 135 兰特。最低金额在 1996 年 4 月提高到 160 兰特，2004 年 4 月提高到 250 兰特。这样做的目的是最终平衡各民族和各种族之间的社会养老金差别。养老金数额并不算多，即使在纳米比亚也是如此，但它们能帮助老年人面对潜在的巨大经济困难。到 1990 年，在纳米比亚，约有 5.6 万名 60 岁以上的人每月获得国家养老金。截至 2008 年 12 月，有 130455 名年龄超过 60 岁的纳米比亚老人获得国家养老金（Levine et al.，2009）。

在某些地区，养老金覆盖率超过 100%。卡普里维，奥穆萨蒂和奥沙纳的农村地区就属于这种情况。这可能是因为它们都是边境地区，来自邻国的老年人可能会参与该计划。莱文等人（2009）对这种异常现象的解释是，因为"养老金领取者的实际人数超过了有资格领取养老金的人数，这展现出了一些错误迹象，即一些不符合条件的人正在领取养老金，但这更可能是由于以缺乏准确性的人口预测作为确定 60 岁及以上人口数量的基础"（Levine et al.，2009，第 17—18 页）。

根据艾肯等人（Iiken et al.，1994）的报告，在纳米比亚南部的农村地区，由于沙漠环境恶劣，人均收入很少。养老基金是老年人和许多家庭唯一的可靠稳定的收入来源。艾肯等人（1994）的调查显示，社会养老金是 41% 的家庭和 46% 的女户主家庭主要收入。在很多情况下，四人或四人以上的大家庭完全靠祖父母的养老金过活，因为在农村地区祖母养育孙子女是很常见的，而他们的孩子则在城镇工作。德弗罗（Devereux et al.，1996，第548页）也同意这种看法，他们说，"南部的班图斯坦农村的条件如此严峻，如在纳米布沙漠边缘的纳马兰（Namaland）和达马拉兰（Damaraland），除了饲养山羊之外几乎没有任何营生可选择——整个社区都依赖于社会养老金，失去了社会养老金就无法生存"。根据德弗罗等人（Devereux et al.，1996）的观点，养老金对贫困家庭生存起着至关重要的作用。在许多家庭中，每月135纳米比亚元的养老金是这些家庭唯一的现金收入。

表2-3　　　　　　　纳米比亚各地养老金统计（特定年）

地区	2003年11月			2004年8月			2008年12月		
	养老金（纳元）	储备金额（纳元）	储备金率（%）	养老金（纳元）	储备金额（纳元）	储备金率（%）	养老金（纳元）	储备金额（纳元）	储备金率（%）
卡普里维	4239	4561	92.9	4339	4476	96.9	5060	4508	112.2
埃龙戈	4612	7090	65.0	5004	7455	67.1	9198	9198	70.9
哈达普	5230	5510	94.9	5632	5673	99.3	6522	9198	93.0
卡拉斯	3717	4123	90.2	3913	4194	93.3	4623	4623	95.1
卡万戈	8405	11606	72.4	8835	11288	78.3	10777	10926	98.6
库内内	4686	5335	87.8	4933	5397	91.4	5725	5917	96.8
奥汉韦纳	17758	17758	100.0	18141	18306	100.0	18950	21763	87.1
奥马海凯	3903	4816	81.0	4075	5073	80.3	4573	6254	73.1
奥穆萨蒂	21148	20763	103.3	22122	20474	108.0	20311	20311	117.1
奥希科托	12038	12872	93.5	12497	13170	94.9	13712	14694	93.3
奥乔宗蒂朱帕	5954	5954	100.0	6119	6171	100.0	7218	9750	74.0
纳米比亚（总）	109894	119664	91.8	114819	117624	97.6	130455	114568	113.9

资料来源：Levine, S., S Van Der Berg, D. Yu（2009）。

　　过去，养老金计划本身就存在许多问题：尽管纳米比亚的养老金在改善贫困方面发挥了重要作用，但沿袭下来的养老金体系具有极端不平等性和随意覆盖性。在北方有超过80%符合条件的人享受养老金，而在卡万戈地区只有不到30%的人能享受到养老金。在所有符合条件的人当中，养老金覆盖率约为61%（SIDA，1996，第57页）。如表2-3所示，目前情况有了很大改善，因为在卡万戈有接近99%具有资格领取养老金的人已在享受养老金。

先前负责该计划的卫生与社会服务部表示，符合领取养老金条件的人太多将导致财政赤字。该计划负责人还在1996年9月9日的纳米比亚国家电台（NBC）电视脱口秀节目中透露该养老体系是人工运作的。因此，很难追查出哪些人在多个地方登记领取养老金，还有哪些人领取多份补助。一旦养老金领取者去世，很难确定其亲属已停止领取款项。主任巴齐巴·卡朱安戈（Batseba Katjuango）女士表示，她所在部门工作人员短缺，难以保证对养老体系滥用的纠正。在同一个计划中，养老金领取者抱怨该系统效率低下。例如，一旦养老金领取者错过了领取某月的款项，就很难再得到此款项。这些年来似乎已经解决了大部分问题，但仍然存在的一个困难就是养老金计划的成本。根据莱文等人（2009）的说法，社会支付体系的总成本接近GDP的2%和总预算的6%，其中三分之二的支出来自养老金和残疾养老金。苏巴拉奥（Subbarao，1998）指出，养老金的行政费用约为支付总值的36%并仍在增长，但其他人则不太确定（Levine et al.，2009）。同样，德弗罗等人（1996）表示，由于人口自然增长和人均寿命延长，纳米比亚社会养老金的成本也在逐年上升。

在整个纳米比亚农村地区，农村老年人可能具有相当高的地位，原因是他们仍享受养老金，他们对家庭的自给自足有着重要的贡献。在埃龙戈和库内内南部的实地考察期间，德弗罗等人（1996年）发现在该地区分发粮食援助的红十字会并未将老年人列为弱势群体，因为他们的养老金使他们能够买食物，没有必要给他们提供免费的食物。

纳米比亚是一个非常干旱的国家，干旱造成的灾害的确时有发生。在这些年里，政府实施粮食援助或其他抗旱救灾计划。养老金领取者，即60岁及以上的老人是此类计划最早的受益群体之一。

概念回顾		
·殖民主义	·国内劳工	·老年人
·环境恶化	·女户主家庭	·贫困女性化
·正式就业	·社会性别角色/生理性别角色	·家庭
·非正式部门	·男户主家庭	·女性和男性

续表

概念回顾		
·边缘化	·货币化活动	·贫困化
·父权主义	·生产	·再生产
·城乡移民	·性别比例	·社会类别
·社会群体	·生计活动	·时间预算
·双倍工作量	·世界经济体系	·青年/青少年

新出现的问题

1. 人类处于众多社会类别中，涉及种族和血缘关系。生理性别和年龄是农村地区这种分类的重要决定因素。在生理性别的基础上，我们可以根据年龄，确定农村青年、农村老年人、农村女性和男性。他们都是农村生活的重要参与者，他们对自己所属类别的认知影响着他们如何感受农村生活。

2. 非洲南部的农村女性受殖民主义、父权制和性别比例的影响较大。这些因素的综合影响导致农村女性的工作量增加一倍，比城市女性和农村男性的工作量都要大。从以家庭内部劳动为中心的角度分析女性的劳动，以及分析家庭外部的生计活动、非正式经济活动和正式就业，均是富有成效的。农村女性承受的双重工作量因人而异，年龄和社会地位是调节工作量的重要因素。女户主家庭已成为农村分析人员关注的重点领域。对于一些人来说，女户主家庭代表了农村生活的可悲之处，而对于其他人来说，它则意味着希望，因为习惯法下的婚姻会使农村女性陷入更深的绝境。

3. "农村青年"成为难以界定的概念之一。纳米比亚政府按照英联邦和联合国体系采用了基于年龄的定义。青年似乎是最接近外面世界的农村群体，类似于城市人口。流动性和教育是使他们接触到"现代世界观"的两个因素。

4. 非洲南部的老年人不应被视为退休人员。因为许多人从未有过正式工作，而大多数人仍然在从事着耗时的工作。矛盾的是，虽然"现代化"正在侵蚀老年人的社会经济地位，但农村社会仍然看重他们。在纳米比亚，由于社会养老金制度已经到位，农村老年人的地位可能相当高，因为他们的养老金对家庭的自给自足至关重要。

参考文献

Allan G.；2007："Households" in Ritzer, G. (ed.), *Blackwell Encylopaedia of Sociology*, Oxford: Blackwell.

Bandyopadhyay, S. P., Shyamsundar, L. Wang and M. Humavindu；2004: *Do Households Gain from Community-based Natural Resource Management? An Evaluation of Community Conservancies in Namibia*, MET Windhoek.

Bantje, H.；1995："Women's Work Load and Reproductive Stress" in Bryceson D. (ed.), *Women Wielding the Hoe*, Berg Publishers Oxford.

Binns, J.；1994: *Tropical Africa*, Routledge, London.

Braungart, R. and M. Braungart；1986："Youth Problems and Politics in the 1980s: Some Multinational Comparisons", *International Sociology*, Vol.1, pp. 359 – 380.

Carr, M.；1991: *Women and Food Security: The Experience of the SADCC Countries*, Intermediate Technology Publications, London.

Cowgill, D.；1979："Aging and Modernization: A Revision of a Theory" in Hendricks, J. and C. Hendricks (eds.), *Dimensions of Aging Winthrop*, Cambridge.

Crehan, K.；1992："Rural Households: Making a Living" in Bernstein, H., Crow, B. and Johnson H., *Rural Livelihoods: Crises and Responses*, Oxford University Press Oxford.

Devereux, S. and T. Naeraa："Drought and Survival in Rural Namibia", *Journal of Southern African Studies*, Vol. 22, No. 3 (Sep, 1996), pp. 421 – 440.

Dixon, M.；1979: *Women's Work in Third World Agriculture, Concepts and Indicators*, ILO, No. 9.

Drapper, P.；1971: *Socialization of Sex Roles Among Kung Bushmen Children*, Peabody Museam, Massachusetts.

Ekong, E. ; 1988: "Rural-Urban Comparison of Youths Occupational Choice and Educational Aspirations in South-West Nigeria", *Man and Development*, Vol. 10, pp. 48 – 60.

Eshleman, J. and B. Cashion; 1983: *Sociology: An Introduction*, Little Brown and Company, Boston.

Fairweather, I. ; 2006: "Heritage, Identity and Youth in Postcolonial Namibia", *Journal of Southern African Studies*, Vol. 32, No. 4, pp. 719 – 736.

Giddens, A. ; 1991: *Sociology*, Polity Press, London.

Hashimoto, A. ; 1991: "Living Arrangements of the Aged in Seven Developing Countries: A Preliminary Analysis", *Journal of Cross Cultural Gerontology*, Vol. 6, pp. 359 – 381.

Haviland, W. ; 1993: *Cultural Anthropology*, Harcourt Brace College Publishers, New York.

Heath, S. ; 2007: "Youth/adolescence" in Ritzer, G. (ed.), *Blackwell Encylopaedia of Sociology*, John Wiley Ltd.

Hurrelman, K. ; 1989: "Youth: A Poductive Phase in Human Life", *Education*, Vol. 39, pp. 23 – 40.

Iken, A. , Maasdorp, M. and Solomon, C. ; 1994: "Socio-Economic Conditions of Female-Headed Households and Single Mothers in Nambia's Southern Communal Areas", *SSD Research Report 17*, Windhoek: UNICEF and Social Sciences Division (SSD).

Iken, A. ; 1992: *Socio-economic Survey of the Southern Communal Areas of Namibia*, MRCC Windhoek.

Indongo N. 2006: *Contraceptive Choice and Use of Methods among Young Women in Namibia*, (UAPS).

Jauch, H. , L. Edwards and B. Cupido; 2009: *A Rich Country with Poor People: Inequality in Namibia*, Labour Resource and Research Intitute (LaRRI).

Kolata, G. ; 1974: "!Kung Hunters, Gatherers: Feminism, Diet and Birth Control", *Science*, Vol. 185, pp. 932 – 934.

La Fonte, S. and D. Hubbard; 2007: *Unravelling Taboos: Gender and Sexu-*

ality in Namibia, Legal Assistance Centre Windhoek Namibia.

Lee, R. ; 1979: *The ! Kung San: Men, Women, Ecology and Work in a Foraging Society*, Cambridge University Press, London.

Levine, S. , S. Van Der Berg and D. Yu; 2009: "Measuring the impact of social cash transfers on poverty and inequality in Namibia", *Stellenbosch Economic Working Papers*, 25/09.

Martin, L. and K. Kinsella; 1994: "Research on the Demography of Aging in Developing Countries", in Martin, I. and S. Preston (eds.), *Demography of Aging*, National Academy Press, Washington D. C.

Ministry of Labour; 2001: "The Namibia Informal Economy Survey 2001", Ministry of Labour Windhoek Mufune, P. ; L. Mwansa and K. Osei-Hwedie; 1994: "Zambia Adolescents" in Hurrelman, K. (ed.) , *International Handbook of Adolescence*, Greenwood Press, London.

Mufune P. , N. Indongo, N. Nickanor et al. ; 2008: *Youth Migration*, UNFPA Windhoek.

Monasch, R. and T. Boerma; 2004: "Orphanhood and Childcare Patterns in sub-Saharan Africa: An Analysis of National Surveys from 40 Countries", AIDS 2004, (suppl 2): S55 – S65.

Thomas, F. ; 2006: "Stigma, Fatigue and Social Breakdown: Exploring the Impacts of HIV/AIDS on Patient and Carer Well-being in the Caprivi Region, Namibia", *Social Science and Medicine*, Vol. 63, 3174 – 3187.

Odendaal, A. ; 1996: "Incorporating Women in Development in Namibia", Paper Presented at the OSSREA Congress in Cape Town, South Africa November.

Peters, P. ; 1995: "Uses and Abuses of the Concept of Female Headed Household in Research on Agrarian Transformation and Policy", in Bryceson, D. (eds.) Op Cited Saito, K. ; 1992: *Raising Productivity of Women Armers in Sub-Saharan Africa*, World Bank Washington D. C.

SIDA; 1995: *Men and Women in Namibia Government*, Printer Windhoek.

Srivastava, P. ; 1990: "Formal Education and the Process of Modernization among Rural Youth: An Empirical Investigation", *Journal of Sociological Studies*, Vol. 9, pp. 45 – 60.

Stock, R.; 1995: *Africa South of the Sahara: A Geographical Interpretation*, Guiford Press, New York.

Subbarao, K.; 1998: "Namibia's Social Safety Net: Issues and Options for Reform", Policy Research Working Paper, 1996, Washington D. C., World Bank.

Suich, H. and C. Murphy; 2002: *Crafty Women: The Livelihood Impact of Craft Income in Caprivi MET*, Windhoek.

Terry, M., Lee, E. and K. Le Roux; 1994: *A Survey of Natural Resource Based Craft Production and Marketing in Namibia*, Windhoek: WWF-LIFE/ Rossing Foundation.

UNICEF; 1995: *A Situational Analysis of Women and Children in Namibia*, UNICEF Windhoek.

Wallerstein, E.; 1974: *The Modern World System*, Academic Press, New York.

Weeks, J.; 1992: *Population*, Wadsworth, Detroit.

Whitehead, A.; 1990: "Food Crisis and Gender Conflict in he African Countryside", in Bernstein, H. (ed.), *The Food Question*, Earthscan, London.

Whitehead, A.; 2000: "Continuities and Discontinuities in Political Constructions of the Working Man in Rural Sub-Saharan Africa: The 'Lazy Man' in African Agriculture", *European Journal of Development Research*, 12, 2.

Yarron, G.; 1992: *Rural Development in the Okavango Region of Namibia*, Gamsberg McMillan, Windhoek.

第三章

土地使用，土地所有权，
土地分配和土地改革

土地是什么？

对于大多数人来说，土地仅仅代表着地球表面坚硬的部分。但它远不止这些。比瑟（Mbithi，1974）坚信，土地这个概念必须用于"上至地表以上的大气层，下至土壤表面下数米处纵剖面中发现的各种自然资源"。但这个定义也有其局限性，因为它只涉及自然资源而没有涉及人造资源。古道尔（Goodall，1987）的定义更具包容性，他的定义或许是现行土地概念中最为精准的。在他看来，土地是"人能控制的地表自然资源和人造资源的总和"。因此，它不仅包括地表，还包括水、气候和位置等自然资源；土地通常还包括建筑工地，农场土壤，森林和矿产；也包括那些与土地联系紧密的人造物，如排水系统。在一些国家，一个人的土地所有权包括土壤、植被、水、动物（包括昆虫、蠕虫等）以及地表矿物，但不包括深层矿物，许多政府限制开采这些深层矿物（Mbithi，1974）。随着人们日益认识到环境的重要性，在许多国家，政府也对个人使用动植物加以限制。

土地对人类来说无比重要，农业、建筑、采矿等任何生产活动都离不开土地，人们根本无法想象非洲南部农村没有土地的生活。

传统的土地使用模式

纳米比亚和非洲南部其他地方向来就拥有多样化的生产系统或称土

地利用模式，这包括从以耕地为主到纯牧区。但是，饲养牲畜和种植作物是更为传统的重要活动。毋庸置疑，土地在这两者之间分配（Phillips et al.，1989，第 151 页）。非洲南部也有一些人以狩猎、采集和捕鱼为生。麦克吉（McGee，1986）对非洲土地使用的观察也适用于此地区，大约 86% 主要是农业用地；6% 为畜牧业用地；另外 3% 的土地为畜牧业农业共同用地。至于剩下的非洲社会，其中 2% 主要依靠捕捞生存，1% 以捕捞和农业为生，略低于 2% 依靠狩猎和采集为生（McGee，1986，第 129 页）。下面我们简要介绍这些土地使用模式，因为它们仍存在于该国各农村地区。

狩猎和采集

今天的纳米比亚，很少有群体完全依靠狩猎和采集来维持生计。过去，这种谋生手段主要与居住在卡拉哈迪沙漠（Kgalagadi desert）有关，例如住在博茨瓦纳、纳米比亚和南非交界地区的昆人（！Kung）。艾伦（Allan，1965）认为，狩猎和采集的土地需求范围为每人 21 至 26 平方公里。因此，以这种模式为生的人，其所在地人口密度一定要低才能生存。"100 平方米以内的土地能满足一个猎人/采集者团体四年的生存需求，但四年后将无法维持他们的生计，除非能在第五年内获得更广的土地区域。"（Lee，1976，第 95 页，转引自 Smith，1992，第 29 页）豪厄尔（Howell，1979）认为，过去的一些做法，如延长哺乳期、产后避免性行为和溺婴等使昆人保持了低生育率。过去，流动性、技术低下和人口密度低有助于这些群体生存在生态平衡的状态中。该地区所有国家经历的人口增长给这些群体带来了压力，迫使他们在边缘地带开展种植业和畜牧业。

表 3-1 　　　　　　　　　　纳米比亚传统的土地使用

纳米比亚传统的土地使用类型	三种传统生产方式
·农业：主要在北部地区如卡普里维、库内内	·粮食作物生产
·畜牧业：纳米比亚各地	·家畜产品生产

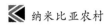

续表

纳米比亚传统的土地使用类型	三种传统生产方式
·捕鱼：主要沿着赞比西、库内内和卡万戈的河流	·捕鱼、狩猎、采集
·狩猎和采集（觅食）：卡拉哈里（Kalahari）	·在纳米比亚，传统上很少有人依靠单一的生产方式生存。在纳米比亚北部，气候和水资源允许的情况下，生产方式是种植粮食作物与饲养家畜相结合

捕鱼

非洲热带地区到处可见个人和团体以捕鱼的方式丰富他们的饮食（Binn，1992）。虽然捕鱼也涉及觅食，但它与狩猎采集很不一样，因为它与更高的人口密度相关（McGee，1986）。这些社区将捕鱼与河岸种植结合起来，他们过着定居的生活。将吃不完的鱼晾干，为食物匮乏的月份做准备。在过去，人们使用的捕鱼技术水平很低下（即独木舟、篮子、长矛等），对生态没有造成太大影响。

最近，一些捕鱼群体已经看到了捕鱼带来丰厚利润的机遇。例如，卡普里维的人们越来越多地向包括温得和克在内的城市中心出售鱼类。

畜牧业是非洲草原上广泛的土地使用模式，它在干旱和半干旱地区占主导地位。这是因为这些地方的环境并不总是适合种植业以及定居生活。牧民没有固定的家园，他们的流动性很高（Simpson and Mcdowell，1986，第207页）。流动性使牧民及其牲畜（通常是绵羊、山羊、牛和驴）能够在降雨不稳定地区有效利用牧草和水资源（Binn，1992）。这尤其适用于那些倾向于专门从事畜牧业生产的人。传统上，一些牧民倾向于烧掉干草，使新的牧草生长，从而提高牧场的质量。他们还发现有必要为家畜挖水井。毋庸置疑，牲畜是牧民生活的中心，他们饲养的品种通常比其他畜牧品种更耐旱，不易受环境变化的影响。许多牧民养山羊、驴和绵羊等小型牧群。对于许多牧民和半牧民（农牧民）来说，牛是"财富的储存库，以牛的数量来衡量个人的富裕程度。因此养牛规模经常是最大化的"（McGee，1986，第132页）。所以，扩大牧群是所有牧业经济的关键。但过多的牧群可能会导致过度放牧而损害生态。然而不应把这视为人们贪婪或失去理性的证据，但这有可能表明，个体牧民的畜牧可能有利可图，甚至其畜牧经营策略具有合理性，但在群体主义和土地所有权非个体化的体系中，发挥它们的整体效果有一定的困难（Binn，1992）。"过去三个世纪以来，纳米比亚的牧民饱受殖民影响，在某些情况下，欧洲殖民者掠夺了牧民的土地和生计，这造成了真正意义上的牧民消失。"（Smith，1992，第184页）史密斯认为，我们所拥有的证据是，过去两千年里牧民和猎人共存于卡拉哈迪（Kgalagadi）北部。在纳米比亚，西北部的辛巴族（Himbas）和赫雷罗族（Hereros），以前称为卡奥科兰（Kaokoland），传统上（部分仍然继续）过着畜牧生活。兰格（Lange）等人（1998）指出，近70%的纳米比亚人口仍以传统土地所有权下的畜牧业和农牧业结合为生。

种植业：麦克吉（1986）认为，在非洲大陆，绝大多数的种植者占据了多样化的生态区并种植了各种各样的作物。非洲南部种植的主要粮食作物包括玉米、小米、高粱以及越来越多的稻米和木薯。它们能为人类提供碳水化合物，辅以源自主食之外的蛋白质、矿物质和维生素。它们是需要精心栽培的作物，也是家畜和野生动物的食物。非主食食物有时被称为"调味品"（McGee，1986）。环境因素是决定特定地区种植作物类型的重要因素。"非洲的种植模式通常与维持它们所需的劳动力投入强度成反比。"（McGee，1986，第133页）密集模式存在于有大量劳动力投入及技术改良（即灌溉、施肥、有时是拖拉机犁地）的地方。许多传统的非洲耕种者大量采用依赖家庭劳动或共同劳动的种植模式。他们使用的是锄头和牛拉犁等技术设备。其模式包括人们所熟知的临时耕地、刀耕火种、迁徙农业（McGee，1986），这些模式完全依赖于自然过程维持土壤肥力。继本内（Benneh，1972）之后，比恩（Binn，1992）试图通过分类模式来理解非洲热带农业的复杂性和可变性，该分类模式能区分有休耕期的模式和没有休耕期的模式（即更长期的模式）以及混合休耕模式和永久性耕种模式。

休耕模式包括三类：第一类是在土地充足的地方实施迁徙农业。这里的土地会耕种一到两个季节，然后休耕，以便让土地恢复。这种土地通常被认为是集体土地。第二类是轮耕闲置土地，即在给定的农场区域内轮耕。人们永远不会让闲置土地荒废成灌木丛，他们会耕种田地直到亩产下降，而田地亩产下降预示着要搬去新的地方。第三类是轮作种植休耕，耕种给土地带来了压力，在这些地方要种植特殊植物以尽快恢复土壤肥力，相比于自然方法，这种方法恢复得更快。随着人口的增加，休耕的可能性越来越小。休耕期短带来的后果是土壤难以保持肥力和土质退化。补偿较短休耕的传统方法包括间作、作物轮作和用家畜粪便施肥。

永久性耕种模式分为五类（Binn，1992）：第一类是以家庭为单位集约化种植果蔬的复合农业。第二类是混合农业，包括饲养牲畜，其粪便提高耕地肥力。第三类是像种粮食作物一样专门种植果蔬，其实就相当于栽培商品蔬菜，特别是向人口集中的地区出售蔬菜。第四类是植树，包括种植经济树种，如橙子、咖啡和香蕉，这些树木需要数年才能挂果，才能具备一定程度的持久性。最后一类是沿着卡万戈河和赞比西河等河岸的洪积地农业。在这里，充足的水源为种植多年生作物提供了保障。正如比恩（1992）所述，并非所有人都赞同这种非洲热带农业模式分类。在纳米比亚（至少在中北部地区），混合农业一直是自给自足农业分类模式的主体，豆类和珍珠粟间作是常态，其他作物有高粱和玉米（当地语言中玉米写作"omapungu"）。

土地所有权

定义土地所有权：一般层面上，这个概念指的是土地拥有、获取或占有的方式。因此，使用权制度是明确如何定义、控制和交换土地权利的框架。多纳（Dorner，1972）正式将土地所有权定义为：农业人口获得土地生产权利的法律协议、合同协议或约定俗成的协议。它包括对个人及群体在使用和控制土地及水资源上的权利、义务、自由、所得量的规定和管理（Dorner，1972，第17页）。国家之间、国家内部均存在诸多土地所有权制度。一些具体表现为法律协议，而另一些则为合同协议和/或约定俗成的协议（Goodall，1987）。同样，约翰逊、格里戈里和史密斯（Johnson，Gregory and Smith，1994）认为，对这些类型的土地所有权进行分类的依据是：土地所有权的法律依据、土地所有者和土地使用者的相对权利；如果约定了土地使用者向土地所有者转变的情况，那么这些条件、支付形式及佃户的稳定性也算作分类依据（根据租期长短或可预测性来定义）。

在非洲背景下，必须注意明确既定土地所有权定义中的两层含义。第一层含义与西方国家有很大关系，它们深刻地影响着非洲南部地区对土地的认识。第二层含义涉及传统或者说前殖民制度。在第一层含义中，使用权的一个重要特性是所有权。西方人非常重视所有权，用不同方式去规定所有权（Jeppe，1980）。人们认为土地是能够被度量和被量化的单位，这些法定单位是固定的。西方观念中，人与土地的关系是一种占有关系，必须通过国家认可的合同（或契约）或是遗产继承法加以规范（Bohannan，1963）。因此，土地被视为财产，就像其他任何财产一样。

由此可得出以下结论：（1）土地是私人拥有的；（2）土地所有者拥有土地专有权（受法律限制），所有者决定其土地的用途以及使用土地的方式；（3）土地所有者拥有处置土地的专权，无论是出售还是出租、继承等（Mamdani，1992，第 198 页）。在这个制度中，约翰逊等人（1994）发现了几种子类型即土地所有者的职业，可能是经营现代类型的大型农场，使用个人雇佣的劳动力。在某些情况下，与其说是个人，不如说是家庭拥有这样的土地。所有此类土地所有者都受到继承制的影响。

根据约翰逊等人（1994）的说法，租赁是这种所有权制度中最复杂的子类型。租赁涉及为了获得土地的使用权利，个人要以某种方式向土地所有者交租（Johnson et al.，1994）。地租形式可以是现金，也可以是为业主土地提供劳动力或是作为佃农耕种。这种土地所有权制度的另一个子类型是约翰逊等人所说的"雇佣劳动制度"。此处私营公司等机构指的是拥有土地的机构，它们通过签订合同雇佣劳动力进行生产。种植园是这种土地所有权协议的典范。

然而，传统的非洲社会对待土地的方式各不相同（现在称为土地所有权的习惯制度），许多非洲社会一向认为群体内部个人的身份地位是固定不变的，并且身份地位高的人有权改变土地所有权（Jeppe，1980）。在传统的非洲观念中，土地是一个以家谱或社会政治术语定义的实体，其中个人行使共有土地使用权，通过集体地位制度加以规范（Bohannan，1963）。因此，在非洲南部，传统的或共同土地所有权制度中，使用权属于个人权利，这些权利不一定是合法的或有合同规定的，它们并不以占有为前提，而以个人和群体使用权为前提。因此，普遍存在的传统土地权利是一种占用权（定义为使用权），无差别地自动适用于群体成员。

殖民时期以来，该地区的土地所有权制度已经从约定俗成的协议制度转变为基于合同的协议制度。在所谓的现代化进程中，土地个人化（和私有化）的情况越来越多。

土地分配问题：土地分配是指土地在个人和群体之间的实际分配。从某种意义来说，这是土地所有权制度的最终结果。在土地所有权制度中，如传统的或约定俗成的非洲土地使用制度，土地所有权属于群体，个人所持有的土地极为分散，因为该群体的成员可以根据自己的意愿或多或少地自由使用土地。由于这种制度没有真正的土地所有权，因此无法真正讨论个人在土地所有权方面的差异。土地也同样不能集中在部分人身上。差异体现在土地供应不足的地方、集体资产被破坏的地方以及土地个人化的地方。在这种制度下，土地是一种可以进入市场的生产要素，它被认为是一种可买卖的财产，因此是可以积累的。这样一来，随着时间的推移，土地有可能会集中在个别人手中。这种情况难以避免，因为谁控制土地"是分配农村收入和财富的重要决定性因素"（Hardiman and Midgley，1989，第102页）。

大约四十年前，多纳曾说过，不同于亚洲和拉丁美洲，非洲精英人士拥有的土地规模虽小，但他们却极其富有，这造成了大量农民与精英人士之间的巨大差距，似乎确实存在着冲突（Dorner，1972）。非洲土地财产个人化程度要低得多，土地集中度较低，土地精英与其他群众在拥有土地的规模上的差距要小得多。这种情况有两个主要原因：一是非洲人口密度低，所以过去土地普遍充足，这在一定程度上有助于防止个人积累大量土地，因为在其他大陆的农村地区均发现了个人积累大量土地的现象。然而事情发生了变化，非洲正经历着越来越多的土地财产个人化以及少数精英拥有大量土地的现象。这种情况始于殖民统治。二是殖民主义并没有成功地完全打破传统形式的使用权，即使在今天也是如此。必须指出的是，非洲大部分地方的土地生产力和劳动力生产力较低，如技术水平低。殖民当局最初试图通过改变约定俗成的土地所有权制度来改善这种状况。根据金（King，1977）的说法，殖民当局认为，必须取代约定俗成的土地所有权，因为它是不确定的；它只提供有限的使用权保障；它以类似于"公地悲剧"的方式阻碍自然资源的保护。此外，非洲传统的土地使用权制度阻碍了发展所需的信贷和投资，这种制度鼓励宗族和部落之间的对抗，阻碍了资本主义的发展，破坏了个人为改善耕作方法而做出的努力。殖民当局着手鼓励种植园生产原材料，于是，他们开始改变约定俗成的土地使用权制度，并在土地和劳工中引入市场概念。南非、津巴布韦和纳米比亚的这一进程最为迅速。这实际上是土地转让的过程，在这个过程中也为土著居民开辟了保留地（见表3-2）。

表3-2　　1958—1960年欧洲人的土地和非洲南部土著居民的土地

国家	欧洲人的保留地（%）	非欧洲人的保留地（%）
南非	89.0	19.4
莱索托（Lesotho）	0.0	0.3
博茨瓦纳	6.0	1.0
斯威士兰	49.0	2.8
津巴布韦	49.0	7.1
赞比亚	3.0	3.0
马拉维	5.0	0.3

资料来源：改编自 Yedelman（1969），第19页。

土地改革

近年来南部非洲的三则新闻生动展现了人们对土地改革的反对，以及各国面对土地极端不均问题进退维谷的处境。三则新闻均刊登在《纳米比亚报》上。

第一则新闻来自纳米比亚。1997年1月14日，《纳米比亚报》刊登了一篇克里斯托夫·马利特斯基（Christ of Maletsky）所写的题为"桑人围堵埃托沙（Etosha），法庭高喊还土地"的文章，根据马利特斯基的说法：

　　警方于昨日在埃托沙国家野生动物园逮捕了73名桑人部落的海族人，原因是他们围堵了公园两个入口的大门。气氛一度十分紧张。桑人示威者抗议政府剥夺了他们祖先留下的土地。自1993年以来，一个有 2000 人口的海族人大部落在族长威廉·艾比（Willem Aib）的带领下，一直在敦促政府归还他们祖先留在翁比卡（Ombika）、奥乔（Outjo）、奥塔维（Otavi）、奥奇瓦龙戈（Otjiwarongo）、赫鲁特方丹（Grootfontein）、楚梅布（Tsumeb）和奥希费洛（Oshivelo）一带的土地。周日，该部落的成员把树干和石块堆放在通往埃托沙（Etosha）（世界著名的野生动物保护区）的两个大门入口处——翁比卡和纳穆托尼（Namutoni）。他们拿着弓箭站在大门口，阻挡游客进入公园。部落成员称这是一场旨在表达他们对土地问题强烈不满的和平示威。11 名桑人被捕，并因在纳穆托尼携带危险武器被罚 30 纳米比亚元或 10 天监禁。剩下的 62 人……被指控阻碍或称扰乱公共交通……如果被判有罪，62 人将被起诉……并面临高达 250 纳米比亚元（50 美元）的罚款。与此同时，国家人权协会谴责警察使用催泪瓦斯逮捕全国社会群体中最边缘化的人的行为。

第二天，另一家纳米比亚报纸——《广告报人》（现已停刊）刊登了来自其他被剥夺土地的族群的声援。据厄哈特·甘泽尔（Erhardt Gunzel）所说：

> 委员会（达马拉皇家委员会）表示力挺首领艾比族长，鼎力支持艾比族长要求政府与他及社区成员就祖先留下的领地（土地）进行讨论，并与所有土著居民群体进行讨论。事实上，前殖民统治者剥夺了土著居民的土地，当前独立政府的首要任务是确保让这些人满意，至少归还他们一部分土地。
>
> 海族人是此地区被剥夺土地的群体之一，他们被逼迁到非常边缘的地区。在殖民主义结束后，他们仍在向政府争取归还属于自己的土地。

第二则报道来自津巴布韦，刊登在 2000 年 3 月 13 日的《纳米比亚报》上。据载：

> 过去几周里，由津巴布韦独立战争退伍军人领导的数千人侵占了 400 多个农场，这些人说他们正在收回被白人殖民者窃走的土地。

星期五，（总统）穆加贝（Mugabe）说道："侵占者会留在农场，但我们希望白人清楚土地属于津巴布韦人。"

第三则新闻报道涉及南非，2001 年 5 月 29 日的《纳米比亚报》刊载了此事。据载：

> 在津巴布韦东部的普马兰加省（Mpumalanga province），津巴布韦征地计划遭到劳工组织的威胁，在这之后，南非政府于昨天发出警告，声称将逮捕任何侵占国有土地或私人农场的人。普马兰加省劳工佃户委员会（MLTC）则表示，土地改革的缓慢进展的确令人不快，声称留给政府一周时间来回应他们的要求，否则他们将开始侵占土地。农业和土地部长发言人摩西·穆希（Moses Mushi）表示不会容忍土地侵占行为。（穆希告诉路透社说）普马兰加省劳工佃户委员会的这番陈述反映了该组织的意图就是助长猖獗的、无法无天的行为，如果他们侵占土地，他们将被捕。

上述报道来自非洲南部相邻的三个不同国家。这些国家有着一段类似的历史——基于种族的少数民族政策，其特点是广泛的土地征用和在殖民时期将土著黑人种群赶到贫瘠的保护区。"所有白人定居者获得了大量的国家补贴，以便向现代化的商品农业做长期过渡……（在津巴布韦和南非）起初农民耕种的时候，对新兴市场的供给非常成功，却遭到旨在发展白人农业的政策的蓄意破坏。"（Cousins，2000，第 2 页）他们都经历过某种形式的表面上是为土地而战的武装斗争。协商解决新政治制度，以确保土著人不会强行从正巧是白人的土地精英手中夺走土地。在所有案件中，和解意味着法律机制给出和平解决土地问题的方法。例如，这三个国家中的每一国都拥有保护（并且仍然拥有）不动产（包括土地）权利的宪法和执行该权利的独立司法机构。然而，这三个国家都有着土地再分配的压力，这导致了土地侵占行为。然而在 21 世纪初，他们对待土地侵占的反应却截然不同。津巴布韦政府不仅支持而且还鼓励土地侵占，但是南部非洲各国政府，特别是纳米比亚政府很少体恤土地侵占者。为什么他们的反应各不相同呢？为什么他们土地重新分配的方式、重置和恢复土地权利的方式各不相同呢？是什么因素在津巴布韦实行强有力的土地分配中发挥了作用，而没有在纳米比亚和南非土地分配中发挥作用？本节主要比较了三国面临的困境，并推测其他国家发生津巴布韦式土地侵占的可能性。

定义土地改革

土地改革意味着土地再分配，以期实现公平、增加福利和提高生产力。根据古道尔（1987）的说法，土地改革涉及一个国家土地所有权制度的改变。它的诱发动力包括：土地所有权的不良影响、反地主情绪、更广泛地分配土地所有权的需要以及重新安置流离失所者的必要性。在非洲南部地区，土地所有权需要现代化，需要给过去经历过土地征用的人增加可用土地，这些都激发了土地改革。因此，在某些情况下，土地改革涉及打破土地集中于少数人手中的情况，并将这些人土地的一部分重新分配给那些没有土地的人。在这种情况下，土地改革也涉及福利和扶贫。一些作者如塔普斯科特（Tapscott，1993）、哈里斯（Harriss，1992）和古道尔（1987）坚信土地改革不同于农业改革。土地改革是一个更广泛的概念，因为它涉及以实现发展为目标的农业体制框架重组。土地改革不仅针对土地再分配，也旨在调整租种条件、监管租金和工资、改变农业信贷系统，并实施合作组织和农业教育（Tapscott，1993）。因此，土地改革即为无地者、佃户和农业劳动者的利益而重新分配财产或土地权利，而农业改革仅仅涉及土地所有权和农业发展。由于二者都涉及公平、福利和发展问题，因此差异似乎并不大。两者都旨在改变男性和女性在土地方面的固定关系（Hardiman and Midgley，1989，第112页）。

正如早先在非洲案例中指出的那样，必须注意在上文提及的土地所有权定义中的两层含义。一层含义是传统的或约定俗成的使用权制度（在前殖民时期广泛存在），另一层含义是殖民当局强加的目前占主导地位的终身使用权制度。在传统制度中，群体内部的成员资格和地位是固定的，而使用权的不同方面是使用土地的权利。土地是一个以家谱和社会政治术语定义的实体，个人行使群体地位制度中规定的共同使用权。个人拥有的土地权利不一定是合法的或有合同协议的。他们当然不会预先假定所有权。与此同时，在法定（也称为终身）使用权制度下，所有权至关重要。土地被视为财产，因此土地可以是私有的。土地所有者可以自由决定如何使用土地并通过出售、出租或继承来处置土地。从社会学角度来看，这两者反映了生产方式和社会关系的二元论，即传统的土地所有权是生存，而法定/终身使用权是资本主义。

在赞比亚、博茨瓦纳和斯威士兰等国，实现传统土地所有权制度现代化的必要性一直是土地改革的主要推动力。有人认为，个人土地所有权促使个人对土地进行投资，从而促进农业增长。这一论点与把土地所有权、土地使用和土地开发模式联系起来的观点类似。有人认为，为了市场效率，也即实行西方式的发展，人们也必须实现投资回报，这可以通过土地私有化来实现。这种私有化也有利于吸引外国直接投资，这对非洲国家的发展至关重要。就纳米比亚、南非和津巴布韦而言，在实行新的政治体制时，白人终身土地保有（与公共土地相对）的私人所有制是主要的土地所有权制度。更加公平的土地分配政治意识形态需求一直是这些国家土地改革举措的推动力（Cloete，1992）。还必须提到的是，这种土地所有权在土地质量方面也是不公平的。终身私人土地所有权下是肥沃土地，而公有土地则位于半干旱贫瘠地区。这再次表明了土地再分配的必要性。其根本目的是利用土地改革来解决富人和穷人在土地方面由来已久的不平等。

正如哈迪曼和米奇利（1989）所指出的那样，土地改革的基本步骤包括政府立法、解决现有土地所有权及分配制度中存在的不足、设立实施改革的机构以及为受益者提供适当的服务以维持或提高土地产量。长期目标是土地改革的现代化，旨在消除传统的以维持生计为导向的农业及其相关模式。目标是鼓励以某种形式过渡到以小规模的经济作物为导向的农业。这就是为什么在大多数情况下，重新分配的土地是属于终身土地使用制下的土地而非公用土地。人们认为，公共土地使用制有可能并不那么高产。继布鲁斯之后，克卢蒂（Cloete，1992）提出了在非洲背景下的四种土地改革模式：（1）集体和合作社；（2）国家所有权和租赁权；（3）实现约定俗成的使用权现代化；（4）土地财产私有化。一些受土地分配影响较大的国家（即津巴布韦和南非）的例子将帮助我们了解如何通过改革实现土地再分配。这也给纳米比亚的土地改革工作提供了可参考的经验。

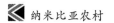

津巴布韦的案例

在津巴布韦，没有什么问题像土地问题一样棘手。从历史上看，土地一直是控制黑人的基础，也是白人权力和权威的基础或象征。到1902年，白人殖民者征用了大约四分之三的非洲土地（Jacobs，1992。1930年《土地分配法》颁布，使这种征用合法化；该法案于1950年修订，以应对非洲人日益增长的土地压力。修订版将一些特别的土著地区和王室土地添加到了非洲保护区，成为保护区的新区域（Scoones，1996）。1969年，《土地所有权法》取代了《土地分配法》。这些法案带来的结果是土地变成白人所有并且仍然集中在白人手中，不同数据见表3－3。实际上，6682名白人农民使用着属于欧洲的土地，而68万名非洲农民使用着属于非洲人的土地，但白人获得的土地面积大约是非洲区域人均土地面积的100倍（Nyoni，1993）。不平等现象也延伸到了土地质量上。独立时，74%的农民（黑人）土地位于干旱频繁发生的地区，在这些地区，即使有正常的降雨量也不足以实现集约化作物生产。相比之下，大多数白人的大型商用农田集中在降雨量充沛地区，便于实现集约化作物生产（Herbst，1991，第269—270页）。

尽管长期以种族分配土地，但这种分配并不具有合法性。在独立时的1980年，变革土地分配已经在酝酿之中。问题不在于土地改革是否会发生，而在于它将发生在何时何地。

津巴布韦土地改革的困境

在为津巴布韦建立新制度的兰卡斯特会谈中，土地是一个重要的讨论话题。虽然人们就改革的必要性达成了一致意见，但兰卡斯特协议中的一项条款规定，在独立后的前10年，欧洲属地只能通过"买卖双方自愿"获得。如果政府没收土地，就必须用外币支付符合市场价值的补偿。任何改革都必须考虑这一附加条件。同时必须考虑到这样一个事实，即白人农民生产了该国大约80%的农产品以及该国外汇所依赖的全部烟草、茶叶、咖啡和糖（Herbst，1991）。此外，白人商业农民联盟是一个强大的封闭式商行，具有相当丰富的游说经验。考虑到这些因素，土地改革的困境在于独立后政府如何满足其支持者对土地的渴求，同时确保他们不会在经济上（在政治上争取到国际支持的条件下）与强大的白人农民敌对。

表 3 – 3 　　　　　《土地所有权法》下的土地面积分配

种类	面积（公顷）	面积（公顷）
欧洲属地		
一般用地	15613344	15580056
公园和野生生物区	1744674	177093
森林	737273	753023
特殊指定用地	7656	7370
欧洲人总占地	18132947	18111362
非洲土地		
部落信托土地	18217205	16151905
付费土地	1486142	1482991
公园和野生生物区	255274	254773
特殊指定用地	121570	17831
非洲人总占地	20252691	18179095

资料来源：Nyoni（1993）；Ridell and Dickerman（1986）。

　　自独立以来土地改革的进展：土地重新安置计划是津巴布韦政府改革的第一步具体措施。根据雅各布斯（Jacobs，1992）的说法，津巴布韦共实施了六种土地重新安置的模式。模式一，个体家庭农业；模式二，集体生产合作社，其中土地为国有国营，但集体共同持有并管理；模式三，附属于合作社或国有农场的个体家庭经济；模式四，牧场被纳入公共农场的扩展放牧区；模式五，公共农场的额外牧场（Cloete，1991）；模式六，重新安置主要的或新兴商业农民。克卢蒂报告说，到1990年初，已有5.1万个农民家庭在265万公顷土地上被重新安置。根据雅各布斯（2000，第3页）的说法，"政府数据表明，到1997年，有7.1万个农民家庭在350万公顷的土地上重新安置"。到2000年，有7.5万个农民家庭在360万公顷的土地上重新安置（Adams and Howell, 2001）。

购买土地重新安置自由农民所需的成本相当高。尼奥尼（1993）估计，市场价格成本在9136.3687万津巴布韦元（此时津巴布韦元名义上比美元坚挺），其中23%由政府承担。英国国际发展部（DFDI）称，英国政府为津巴布韦土地改革提供了4400万英镑，其中1700万英镑用于土地重新安置，而2700万英镑用于预算支持，这将使津巴布韦能够顺利展开土地重新安置工作（DFDI, 2000）。剩下的资金来自外国政府和组织贷款或捐赠。

津巴布韦的这些重新安置计划实施起来并不容易。由于以市场价格购买土地成本高，重新安置的目标一直未能实现（Herbst, 1991）。根据亚当斯和豪厄尔（2001）的说法，津巴布韦的目标是在独立后的前五年内在900万公顷的土地上安置16.2万个家庭。虽然已有5.2万个家庭在330万公顷土地上定居，但这比预期少了约500万公顷，还缺乏后续建设基础设施的土地（Nyoni, 1993）；捐赠者明显偏爱模式一而忽略了其他模式。克里斯琴森（Christiansen, 1993）报告说，被重新安置的农民面临着许多与集体制农民相同的限制（即土地退化、缺乏市场基础设施、政府规定商品价格等）。此外，就连政府也承认重新安置模式二中的合作社是失败的（Cloete, 1991）。因此，模式二方案中土地使用总量不到预计的25%（Cousins and Robins, 1994）。

需要注意的一点是，从积极方面来看，在模式一中，重新定居的农民具有良好的生产水平。1980年以来，农业生产繁荣发展（Jacobs, 1992）。根据金希（Kinsey, 1999）的数据，重新安置的家庭，收入和粮食安全得到了提高。"土地改革受益者耕种的土地比非受益人多50%，作物收入多出四倍，拥有更多的牲畜，消费支出高出50%。"（Hoogeveen and Kinsey, 2001, 第132页）尽管政府工作有失误，也必须把重新安置的人数看作是一项成就，特别是如果把它放在非洲大陆此类计划的环境下看，这不失为一项成就。尽管津巴布韦的重新安置有局限性，它也标志着涉及性别的生产关系发生了变化。因此，它意味着流动劳工的结束，家庭团聚的实现；它鼓励中产阶级或富裕阶层的生产者安居乐业。此外，从性别的角度来看，一些妇女获得了或重新获得了种植庄稼的园子（Jacobs, 1992）。超过一半得到重新安置的是女性（Jacobs, 2000）。卡曾斯和罗宾斯（Cousins and Robins, 1994）以及盖赞瓦

（Gaidzanwa，1996）认为重新安置模式一方案中仍保留父权制规则和约定俗成的使用权制度，以此来质疑这些所谓性别方面的进步。虽然男性和女性的工作量都有所增加，但女性的工作时间仍然长得多（Cousins，2000）。

1990 年，津巴布韦独立 10 年后，兰卡斯特协议到期。政府 1990 年的国家土地政策认识到商业性农场的重要性，加速了农场收购以期减轻公用土地的压力。1992 年的土地法案允许土地征用并以当地货币补偿土地所有者。政府还提出了土地征用法修正案，指定待征用土地并控制土地价格，该法还涉及征收土地税、土地检查以确定未得到充分利用的土地、限制农场所有权和农场规模以及帮扶新兴的大规模黑人商业农民（Cousins and Robins，1994，第 35 页）。白人农民发声称，这项法律会降低生产率，如果它真的实行了，他们估计"目前为 8.36 亿津巴布韦元的农业总产值，将减少 1.9 亿津巴布韦元；目前总额为 5.7 亿津巴布韦元的出口额将减少 1.61 亿津巴布韦元"（Herbst，1991，第 275 页）。这些预测再加上世界银行、国际货币基金组织和其他多边捐助者的告诫，使这项法律动摇了投资者对津巴布韦经济战略的信心，这意味着在可预见的未来，重新安置的情况可能会保持不变（Herbst，1991）。

麦克劳德（Mcleod，2000）提到 1998 年由英美支持的捐助者会议所促成的一项土地改革计划。该改革计划支持"买卖双方自愿"原则，这对津巴布韦来说是唯一可行的原则。起初英国设立了 5300 万美元的基金，以补偿愿意出售土地的白人农民。"但在 11 个小时后，英国退出协议，宣称津巴布韦非洲民族联盟爱国战线的高级内阁成员通过出售个人土地所有权，篡取了这些基金"（Mcleod，2000，第 32 页）。穆加贝政府当即宣布商业农民联盟提高土地价格，破坏了买卖双方自愿的原则。其批评者反称政府通过资助土地所有者来破坏土地改革。根据商业性农场结算计划，津巴布韦政策制定者并不愿意以牺牲其追随者为代价来分配土地。"尽管 1992 年通过的立法允许国家收购未得到充分利用的农场，但获得的土地数量不多，而且土地多交于政府部长、津巴布韦非洲民族联盟官员及其同事。"（Jacobs，2000，第 3 页）

毋庸置疑，赫伯斯特（Herbst，1991）"在可预见的 2000 年，重新安置情况可能保持不变"的说法是错误的，穆加贝政府支持所谓的加速土地分配计划，在所谓的快车道土地改革方案下，津巴布韦政府表示意欲实施土地征用法并强行占用白人农民土地。法案的通过使政府能在2000年4月强制征收土地。宪法修正案赋予政府土地征用权以取得白人农民所拥有土地的10%左右（Herbst，2000年）。从2000年2月起，津巴布韦解放战争退伍军人及其支持者占领了白人农场。根据范·登·布林克（van den Brink，2000）的说法，侵占土地的原因是退伍军人对土地改革进程缓慢感到失望以及1997年11月1471个农场被列入强制收购的名单，而其中只有630个是无争议的，属于合法的收购。更多的是，他们被激怒了，宪法草案本可以让政府更容易收购土地，但公民投票没有通过这个草案。1997年，在侵占土地的前两周内，这些退伍军人占领了400多个白人农场，以此迫使政府向他们支付战争酬金（《纳米比亚报》，2000年3月13日）。截至2000年5月底，这些退伍军人占领了近1000个白人农场（《邮卫报》，2001年5月29日）。穆加贝总统本人表示，政府将没收该国大约一半的商业性农场，并将其转交给津巴布韦黑人。实际上，"快车道"土地改革于2000年2月正式开始，并于2002年8月结束，自此，每4500名白人商业性农场主中约有600至900名仍留在该国（Sachikony，2003a）。商业性农场主联盟（CFU）主席估计，到2004年，大约有400名白人商业性农场主仍留在津巴布韦。根据商业性农场主联盟的数据，2000年2月，在1102万公顷商业土地中，只有22.04万公顷未列入强制收购名单（商业性农场主联盟，2003）。"到2002年底，估计有30万小农户被重新安置，约3万黑人商业农户获得了土地。"（Sachikony，2003）

并非所有人都赞同政府对土地侵占的态度。津巴布韦的商业性农场主联盟因为其中大多数成员都因土地被侵占而失去了土地，对政府的土地侵占持反对态度是可以理解的。该联盟认为，快车道土地改革破坏了农业部门的稳定，从而引发不安全、恐吓和暴力。快车道土地改革也明显缺乏透明度。出于类似的原因，捐助者团体也表示了对于土地侵占的反对。津巴布韦的反对派和人权组织也持反对态度。2000年12月，津巴布韦最高法院裁定政府的土地改革计划是非法的，并要求政府恢复法律和秩序。因不确定津巴布韦政府是否打算无限期延长穆加贝总统（及其政党）的统治，政府对土地侵占的态度也摇摆不定。

1998年以来，津巴布韦陷入了一场以高利率和通货膨胀、外汇短缺和失业率上升为特征的经济危机。这导致了津巴布韦工会大会（ZCTU）

罢工，该工会当时由摩根·茨万吉拉伊（Morgan Tsvangirai）、学生以及其他城市组织合作领导。当津巴布韦花费 100 万美元向刚果（Congo）派遣 1.1 万人的军队援助卡比拉（Kabiri）巩固政治权力时，另一波反对浪潮爆发了（Mcleod，2000）。随着 2000 年 2 月大选的临近，穆加贝的情况也开始明朗起来，尽管他以压倒多数的选票赢得了 1996 年 3 月的选举，但他企图通过修改宪法以获得更大权力，在一次修改津巴布韦宪法的全民公投中，他遭遇了耻辱性的失败。穆加贝召集战争退伍军人是为了帮助他赢得 2000 年 6 月的议会选举。在一场发生了暴力、谋杀白人农场主和茨文加莱民主变革运动（MDC）成员的运动中，穆加贝实现这了一目标，但只勉强赢得了非常微弱的多数选票。因此，对于穆加贝来说，土地是摆脱经济和政治危机的一种方式（Mcleod，2000）。"穆加贝聪明地把握住了津巴布韦地区政治问题的关键，这一问题在津巴布韦社会中引起了深刻的共鸣。"（Cousins，2000，第 1 页）

　　"快车道"土地改革的后果又是什么？英国下议院国际发展委员会（2010，第 16 页）报告说，"自从土地征用开始以来，超过 20 万农场工人失业，100 万人流离失所。德国国际开发署表示，商业性农业总产量已减少一半以上"。农业生产的崩溃在很大程度上是因为土地被分给了没有农业技能的政治亲信，而给予普通人的土地则变成了没有希望增加产量的自给自足型农场。同样，非洲全党议会集团（2009）认为，"快车道"土地改革带来的主要后果不仅是使白人农业管理和农业技能丧失，而且使熟练农业工人的数量减少。英国下议院国际发展委员会（2010）报告说，开发署估计由于"快车道"土地改革方案，100 万农场工人及其家人失去了家园和生活来源。"快车道"土地改革计划甚至受到了来自白人农民的挑战。因此，一群白人把津巴布韦政府告上了位于温得和克的南部非洲发展共同体（SADC）法庭。南共体法庭于 2008 年 11 月 28 日裁定，政府没收白人拥有的农场违反了国际法，应当停止，但法庭似乎没有办法实施其裁决。

　　尽管如此，斯库恩斯（Scoones，2008）还是建议谨慎行事。他认为津巴布韦的土地改革情况要复杂得多。在他的研究中，他对津巴布韦的土地改革完全失败的说法提出了异议。在马斯温戈省（Masvingo province），120 万公顷土地被重新分配给了大约 2 万户家庭。他对政治赞助人的构想提出异议，在这种构想中政治精英占领土地。根据斯库恩斯的调查，在马斯温戈的居民中，60%的新移民被归类为"普通农民"。这些新移民，特别是模式一小农户计划中的新移民，在土地上已经进行了大量投资。与大多数报告相反，他发现，他们的农业是高产的。斯库恩斯认为马斯温戈的农村农业部门由于投入资料（尤其是种子和化肥）供应不足而无法正常运转，然而，这些农民一直在进行生产，因此农村经济并未崩溃。许多被重新安置的农民认为生活变得更好了，因为他们有了更多的土地，这避免了人口过度拥挤，而且他们有能力生产比过去更多的农作物（Scoons，2008）。

南非的例子

卡曾斯和罗宾斯（1993）认为津巴布韦的土地分配和管理经验与南非有关。同样，克里斯琴森（1993）的《农村经济实施战略：津巴布韦的教训，南非的选择》一文也传达了这样一个信息：两国是相似的。事实上，津巴布韦和南非在土地状况方面有许多相似之处。这两个问题都是由相当多的欧洲后裔解决的，他们经历了极端形式的土地征用，而新政治制度的产生都相对较晚。然而，两国在土地分配上存在着重大的差异。他们在规模、工业化水平、政治动态等方面各不相同。

与津巴布韦一样，南非是按种族划分土地的。1913年的《土著土地法》将偏向白色人种的土地所有权模式正式化。这一行为导致了严苛的领土隔离。根据利本伯格的观点（Liebenberg，1993），该法案允许黑人和白人购买、租赁、拥有和占用土地。它也重新定义了黑人租赁的性质。为此，法案制定了一份清单，宣布属于不同种族群体的土地类型。黑人土地包括所有的保护区及所谓的部落地区和黑人自己拥有的农场。它们的总面积达890万公顷，占南非国土面积的8%。黑人不能在他们划定的地区以外获得土地。该法案还规定，黑人佃户从此之后变成仆人。该法案在该国各地区的实施情况各不相同。

1913年法案的主要目的是消除白人农民对非洲土地所有权和佃农制方面的质疑，并扩大土地储备以缓解土地紧缺和促进矿场雇佣劳动力（Davenport，1991，第234页）。因此，继1913年法案之后，77%的地表土地面积保留给白人私人所有，8%为黑人土地，13%为国家土地，其余属于教会等机构。只有在 1936 年《土著信托土地法》颁布后，非洲的保护区才增加到 620 万公顷，占全国面积的 13%（Beinart，1994，第10 页）。因此，从形式上讲，南非的土地转让比该地区任何其他国家都要严重。据贝纳特说，为非洲人保留的土地位于降雨量较高的区域之内，至少在最初的时候不是最差的。以种族划分土地并不能阻止众多非洲人留在被称为"白人土地"的地方。1936 年的人口普查显示，约 37% 的非洲人口被算在农场，45% 在保护区，17% 在城镇（Beinart，1994，第14 页）。

归根结底，社会工程立法（例如 1913 年的《土著土地法》，该法案试图取缔黑人佃农的佃农制，并强制执行劳工服务制）从来没有实现其乐观的先辈们所希望的转变（Keegan，1986，第 204 页，引自 Francis and Williams，1993，第 384 页）。在许多地方，非洲人仍然是佃户并且分布在比分配给他们的土地更广的农村地区。贝纳特说，正是这个事实阻止了南非出现更多从乡村到城市的移民。此外，在 1955 年，托姆林委员会提议授予宅地的自由使用权，以发展一类全职农民。这有可能导致保护区中相当多的非洲人无法得到土地，所以，当时的政府并不完全支持这一提议。

20 世纪 90 年代初，种族隔离制度即将消亡，政府试着进行一些改革。1991 年的土地法瓦解了土地隔离的基石，废除了 1913 年的《土著土地法》和 1936 年的《土著信托土地法》。它还废除了 1966 年的《集团地区法》和 1984 年的《黑人社区发展法》，并废除或修订了其他种族主义立法（Francis and Williams，1993，第 380—381 页）。因此，《土地法》试图不分种族地向所有南非人赋予财产权。这种做法坚持个人土地财产权优先于其他形式的土地所有权的原则，理由是它促进了土地保护、效率和生产力。正如弗朗西斯和威廉姆斯（Francis and Williams，1993）指出的那样，根据这项立法，州总统及其代表有权直接在保留区任职。反对 1991 年《土地法》的主要理由是，该法没有通过把土地还给黑人来平衡竞争环境，而黑人的土地在 1913 年立法后被没收。

1994 年后，南非执行了非洲国民代表大会重建与发展计划（RDP）的规定，该计划将土地改革视为提高农村生活水平的重心。正如重建与发展计划所设想的那样，土地改革有两个核心原则：在几年内将农业用地从白人手中重新分配给黑人，并根据 1913 年《土著土地法》，归还从合法拥有土地的人手中强行夺走的土地（Cousins，1995，第3页）。"总体而言，土地改革方案旨在解决过去的不公平现象，提供更公平的土地所有权分配，减少贫困，促进经济增长，确保所有人的土地使用受到保护，支持可持续的土地使用，加快土地发放以促发展。"（Mays，2000，引自Crothers，2000，第3页）。

南非政府的土地改革方案有三个重点领域，即向被迫迁移的受害者归还土地权、将土地重新分配给穷人以及改革土地所有权以增强所有人土地使用安全（Kirsten et al.，1996，第218页，Sibanda，2001）。该方案被正式指定为土地事务部的土地改革方案，改革措施自1994年才开始实施。一些研究报告试图揭示到目前为止南非改革的进展，研究人员有柯尔斯顿等人（1996）、克罗瑟斯（2000）、克里夫（2000）、斯班达（2001）、达罗奇和莱恩（2002）以及伊林（2003）等。

第一个改革目标以1994年第22号《归还土地权利法》为指导，该法案规定，可向由五个成员组成的委员会提出土地诉求。归还土地的可选择方案包括恢复土地、提供其他土地以及向失去土地的人支付补偿。被剥夺土地者可选择接受上述各项的组合，在服务和基础设施开发方面获得援助，或获得住房和其他土地开发计划（Miller and Pope，2000）。1995年5月至1998年5月，因1913年法案和其他歧视法而丧失土地的人可以提出赔偿要求。截至1996年，约7095项此类索赔已提交相关委员会（Kirsten et al.，1996）。截至1999年3月底，委员会共接到6.3455万宗土地索赔案（Cliffe，2000，南非驻华盛顿大使馆，1999）。斯班达（Sibanda，2001）在1999年3月之前提到6.7531万项索赔，其中80%是城市索赔。这些索赔的最终裁定进展缓慢。1999年，只有241个索赔案最终结案。这些索赔涉及1.3584万户家庭的31.1484万公顷土地（约有8.3378万人受益）。克里夫报道（2000），截止到1999年3月，有4365项索赔案在公报上公布。其中大约200个已经接近终裁，但284个被否决。农业和土地事务部长报告说，到2003年4月解决的索赔案总数为3.6488万起。据部长称，2002年，索赔案涉及2.276万户人家，其中25%涉及女性户主家庭（Irrin，2003）。

根据米勒和波普（Miller and Pope，2000）的研究，城市索赔率高于农村土地索赔率。政府认为这是土地归还（尤其是满足分配要求）滞后的原因。"过去四年的经验揭示了目前土地结构归还过程中的立法和制度缺陷。这会导致过度的延误，一般来说会对索赔人、土地所有者和房地产市场产生负面影响。因此，在 1998 年 7 月，农业和土地事务部长成立了一个赔偿审查委员会去调查整个赔偿过程。"（转引自 Miller，2000，第 181 页）本次审查的结果是通过了《1999 年土地归还与改革法（第 18 号修正案）》（下文简称《归还法》）。

归还土地的进展如何呢？据拉赫夫（Lahiff，2008）说，迄今已解决的索赔累计总数中，6.5642 万宗（或 88.2%）属于城市。城市索赔成功之所以占如此高的比例是因为城市索赔可以通过现金补偿完成。因此，不到四分之一（23.5%）的城市索赔是通过土地归还解决的。而与此同时，大约一半的农村索赔（其中 4000 多个）涉及土地归还。拉赫夫（2008）报告称，未解决的农村索赔案总数约为 5279 宗。然而，根据发展和企业中心（CDE，2008）报告称，最复杂和最昂贵的索赔案仍然有待解决，因为它们需要纷繁复杂的谈判或非常高昂的赔偿。

农村土地补偿进展缓慢归因于高昂的成本，因为所有补偿索赔案都有悖于这种情况，即购买土地必须以买卖双方自愿为基础。很多用于归还的土地未经核查，而土地索赔已经进行了很长一段时间。这就意味着人们在土地的历史边界上存在着诸多争议。正如拉赫夫（2008）所说，农村索赔对土地索赔委员会构成了挑战，由于农村索赔案，他们不得不处理土地征用、社区重新安置以及进行支持长期发展的谈判。

土地索赔委员会面临的挑战之一是白人土地所有者拒绝通过出售商业性农业用地参与土地归还活动。根据弗雷斯特（Fraster，2008）的研究，因为白人农民对土地有着强烈的情感联系，他们拒绝出售用于土地归还的土地。他们不同意土地改革的做法，并对农业部门的权力转移感到不安。在很大程度上，国家依赖国有土地，白人自愿出售土地以换取补偿。问题在于，"农村土地索赔人坚持回迁到他们的土地上，在少数情况下，他们对存在问题的土地进行了非法占用，以突显他们对推迟最终确定其权利要求的不满"（Steyn，2002，转引自 Hall，2004，第 218 页）。

为了加速征用被索赔的私人土地，2003 年《归还法》的一项修正案允许土地事务部长通过部级命令征用土地。第一批征用令在 2007 年 1 月发布，2007 年 3 月通过征用获得第一批土地（Lahiff，2008）。国家也在探索与商业农民建立"战略伙伴关系"的方法。拥有复垦土地的社区将与商业伙伴建立长期的利润共享关系，以确保获得营运资本和管理的专业知识。这被视为一个双赢的做法，因为农村土地索赔人将重新获得他们的土地，同时白人农民仍将发挥作用，并可以为获得土地的索赔人提供援助。人们相信，农业生产率即使不提高，也应保持不变。不幸的是，到目前为止，"土地归还和再分配为黑人获得相对低价土地提供的机会是不平衡的，迄今黑人很少有机会进入白人拥有的价值高、能盈利的农业部门"（Hall，2004，第18页）。考虑到国家对宪法、法律和秩序的坚守，南非政府在土地赔偿上面临的两难处境是如何在黑人社区对以往土地的索赔和土地现有所有者的财产权之间找到一条出路。

关于土地再分配的第二个目标，国家希望向城乡贫困人口、农民工和劳动力佃户以及妇女和新兴农民等新农业工作者提供宅基地和生产用地。拉赫夫（2008）报告称，土地事务部（DLA）进行土地再分配和土地所有权改革的目的是：

- 到2014年，重新分配白种人拥有土地中的30%农业用地，以实现农业可持续发展
- 为农场居民和其他弱势群体提供长期的土地使用保障
- 推动减少贫困
- 促进经济增长
- 提高社会凝聚力和经济包容力

最初，土地重新分配是以集体结算的形式进行的，包括个体生产、集体生产、共同计划、农场内结算和股本计划（驻南非华盛顿大使馆，SEW，1999年），还将采取城市环境下的快速土地发放和其他创新项目的形式。在买卖双方自愿的原则下，土地安置或征用补助金旨在帮助弱势群体获得土地（SEW，1999）。国家还制定了土地改革试点方案。这一试点方案旨在试验与南非局势有关的各种土地再分配模式，以期为政府在土地问题上找出帮助穷人和弱势群体的最佳办法。

到1996年，36个选定地区建立了试点项目程序（Kirsten et al.，1996）。这些项目程序在省级和国家级层面实施。所有省份都出现了共同财产协会（即受益人团体）。这些群体中的每个家庭都获得了一处居所和1.6万兰特（最初1.5万兰特）的购置土地补助金（简写为

SLAG），为了从自愿卖家购买土地，他们将这些补助金筹集起来。到1996年，共收到220份此类补助金申请，共有5.3649万公顷土地到期转让（Kirsten et al.，1996）。到1996年，共有7350万兰特被用于发放土地安置补助。1994年到1996年，大约3.33万公顷的土地被重新分给弱势群体（Kirsten et al.，1996，第220页）。当时的土地事务部部长德里克·哈内科姆（Derek Hanekom）报告说，1997年12月至1998年2月，该国分配了3.1128万公顷土地，涉及39个项目和大约4000户家庭（Miller and Pope，2000）。

根据克里夫（2000）的数据，到1998年，279个项目中约有25万人被重新安置。这意味着仅在1998年，就有比1995、1996和1997三年加起来更多的人获得土地。1999年前三个月，大约有5万人获得了土地。到1999年底，5.5424万户家庭中的36.0256万人将从土地事务部的实施方案中受益，该方案涉及约447个项目（Cliffe，2000）。土地事务部准备把大约71.4407万公顷的土地转让给这些人。到2000年底，涉及78.0407万公顷土地的485个项目被转让给了5.5383万户家庭，其中14%的家庭为女户主家庭（Lyne and Darroch，2003）。根据莱恩和达罗奇（2003，第4页）的研究，"在六年多的时间里，通过土地的归还和再分配总共转让了100多万公顷土地，或将白人拥有的8600万公顷农田中不足1.2%的土地给了贫困的南非人"。

很明显，土地再分配取得了一些进展，即使这一进展还不能满足那些需要土地的人的需求，但这至少表明政府在重新分配土地方面是认真的。这一主张必须以1994年非国大重建和发展计划为背景，该计划的目标是在5年内将白人拥有的30%土地转让给大约80万个非白人家庭。到2000年底，在过去六年多的时间内，土地实际转让的数量还不到白人拥有的8600万公顷农田的1.2%。莱恩和达罗奇（2002）报告说："为了以较低的成本迅速地惠及多数受益人，这些转让的土地大部分都与公用土地所有权下的低质量土地移民安置计划契合。"

莱恩和达罗奇（2003）认为，就连当时新上任的土地事务部部长（热迪扎女士）（Ms. Didiza）也对土地再分配的进度不满意。她在1999年取消了购置土地补助金项目。2000年底，她提出《农业发展再分配土地》（LRAD）作为另一个项目。与安置和土地征用补助不同的是，该项目最低补助金是20000兰特；那些从《农业发展再分配土地》项目中受益的不一定是穷人；而那些可以筹集5000兰特的人都有资格获得最低补助金。那些筹集金额较大的人将有资格获得更多的补助金。为了达到这个目的，那些可以筹集40万兰特的人可以获得高达10万兰特的补助金。在《农业发展再分配土地》文件中，30%的白人拥有土地的转让期限延长至30年。

事实上，《农业发展再分配土地》项目"标志着南非政府的土地再分配政策发生了明显的转变，从扶贫和安置群体转向了将潜在农民安置在他们自己的农场里"（Darroch and Lyne，2003，第5页）。这无疑加剧了贫富差距，将土地改革进程转变为一个阶级项目会创造更多依靠土地的黑人资本家。去看看土地银行（LB）和土地改革信贷机构（LRCF）的运作，这一点就体现得非常清楚了。土地银行利用国家资金走上资本化道路，以便为购买农场的人提供低息抵押贷款，并为那些没有担保或没有正式财务记录的人提供信贷。它的升级版项目帮助了3.6万多名这样的客户（Sibanda，2001）。但是，土地银行扩大了其商业账户，理由是它需要具备偿付能力。同样，土地改革信贷机构提供延期贷款基金，旨在为商业土地所有者和长期贫困公民的高产值项目提供资金，通过这个计划提供的贷款比现行利率低2%—3%。斯班达说（2001，第8页），一项委托审查发现，土地改革信贷机构具有"适应《农业发展再分配土地》的能力"。根据霍尔（Hall，2004，第216页），《农业发展再分配土地》被批评为"放弃穷人"，因此，"最低捐款现金为5000兰特的要求被否决了——穷人可以以提供同值劳动力的形式捐款——但据土地事务部的一些官员讲，申请人仍必须遵从商业标准"。

发展和企业中心（CDE，2008）以这种方式总结了土地再分配的进展：

> 迄今政府所有方案仅对约4.7%的商业性农业用地进行了重新分配。政府的目标是2014年实现重新分配30%的商业性农业用地。根据土地事务部数据，南非白人拥有的商业用地包括8200万公顷，这意味着要转让的土地目标是2460万公顷。到2007年11月，只有约420万公顷土地被重新分配。

南部非洲天主教主教会议议会联络处（2010，第1页）表示：

16 年后，政府承认土地改革计划失败。截至 2009 年底，只有 6.9% 即 567 万公顷的农业用地被转让给 178 万受益人。政府也承认，90% 以上的土地没有得到有效的耕种。土地改革失败的主要原因是基于"买卖双方自愿政策"的市场主导计划以及政府缺乏对受益人的规划和政策支持。

土地事务部似乎对"土地再分配偏离目标"的结论持支持态度。对现行土地分配方案的主要反对意见是，"土地改革面临的核心问题不仅仅是其进程缓慢，在过去 15 年中只有 5% 的商业用地被重新分配；而且还有对那些定居在这片土地上的农民支持水平极低。这些农民是新兴小型农民，他们缺少资金"（Hall，2009）。

南非宪法支持土地所有权改革的第三个目标。此目标明确指出：

> 过去由于种族歧视法及其实施，土地所有权在法律上是未受保护的。个人或团体在议会法案规定的范围内，其土地所有权或获得相应的土地补偿，是受法律保护的。（Kirsten et al.，1996，第 20 页）

该条款目的是将占地者纳入土地持有的法律制度中，以改变土地所有人与土地占有人之间的关系。这也是为了提高农村贫困人口土地所有权的安全性，这些人住在非正规混合区、前班图斯坦（Bantustans）和南非发展信托区。据估计，有 390 万农村人口、130 万普通民众和 80 万农业工人在土地分配中受益（Crothers，2000）。土地所有权改革的另一个理由是鼓励人们投资土地并以可持续的方式使用土地（SEW，1999）。为此，政府土地部门着手启动相关立法。其中包括《土地改革（劳动力租户）法》（1996 年第 3 号法案），该法案规定，凡工作需要占用并耕种土地者，均拥有土地所有权。该法案还赋予劳动力出租户获得所占用土地的权力（Miller and Pope，2000）。这项立法结束了不公平地或非法驱逐劳动力出租户的做法（华盛顿驻南非大使馆，1999）。

1996 年颁布的《非正式土地权临时保护法》（1996 年第 31 号法案）旨在保护那些在前班图斯坦拥有非正式土地权利的人，使其地位得到保障。通过该法案，这些人被视为利益相关者，土地交易和土地开发将会对他们产生影响。该临时法案将持续到 1999 年底（驻南非华盛顿大使馆，1999）。1996 年《群体财产协会法案》（CPAs）使群体能够获得、管理并持有土地。1995 年，在 12 个土地归还、土地复耕和土地移民重新安置案件中，将土地所有权转让给受益人取得了进展（Kirsten et al., 1996，第 220 页）。

还有《土地改革（劳动力出租户）法》（1996 年第 3 号法案）（LTA）。它有助于保障私人农场劳动力租户土地所有权，并创造了一个有利于他们获得所占土地完全所有权的程序。此外，还有《延长居住权保障法》（1997 年第 62 号法案）。这使得生活在农村或城郊的人们获得他们所使用土地的权利更大，并保护他们，使他们免遭不遵循既定程序的驱逐。根据米勒和波普（2000）的观点，对改革财产法来说，租户改革或许比重新分配和归还土地更具有意义。然而，"土地所有权改革是迄今为止土地改革计划中最缓慢和最困难的部分。虽然没有准确的统计数据，土地事务部认为非法驱逐行为会增多而依法驱逐行为会减少"（Sibanda，2001，第 1 页）。同样，"对农场居民仍在进行的驱逐和凌辱是一个严重的问题，长期延迟推行的土地共同使用权改革也是一个关键问题。但是这些问题需要深入研究和分析，并有望成为日后情况汇报的基础"（Lahiff，2008，第 2 页）。土地事务部没有人员和资源去监管土地所有权改革法案规定的执行情况。"使这些法律无法有效实施的一个因素是，多年来，省和区土地改革办公室负责《延长土地所有权保障法》的官员职位已经撤销，这意味着在土地所有权改革方面没有专门的工作人员发挥职能"（天主教主教会议议会联络处，2010，第 3 页）。许多农民仍然反对《延长土地所有权保障法》（1997 年第 62 号法案）（简写为：ESTA）。因此，大多数评论家报告说，土地所有权改革是土地改革中最不成功的一环（发展和企业中心，2008；Lahiff，2008）。

柯尔斯顿等人还报告说，主要是黑人精英在私人土地交易中没有使用结算补助金，报告还提到股权分享措施。根据霍尔（2009）的报告，"不到二十分之一的土地改革受益者从综合农业支持计划（CASP）拨款或南非农业金融机构（MAFISA）小额贷款中受益"。需要注意的是，这些都是微不足道的改革结果。很少有人受益，而且与需要土地的人数相比，用于帮助弱势群体购买土地的资源很少。虽然人们认识到土地分配不应该按种族划分，但纳米比亚也存在与津巴布韦类似的困境。从津巴布韦和类似计划中能吸取的教训是，让激进的土地分配趋于平缓将是一个中长期的目标和过程。为了不破坏生产和自由市场经济政策（所谓的南非宏观经济政策），必须依靠由市场驱动的土地交易而不是征用土地。面对更大的压力，祖马政府已经设立了独立部门来应对这一局面：

> 土地改革和农业一直由各个独立部门负责。但是在过去的 13 年里，这些部门已经并入了农业和土地事务部，这个部门 1996 年至 1999 年由德里克·哈内科姆（Derek Hanekom）领导，1999 年至 2006 年由托科·迪迪扎（Thoko Didiza）领导，从 2006 年到 2009 年全国大选由露露·克辛瓜纳（Lulu Xingwana）领导。现在，新内阁将这些职责分配到不同部门：一个是农村发展和土地改革部（MRDLR），另一个是农林渔业部（MAFF）。两者分别将由两位前土地事务部部长领导：一位是东开普省（Eastern Cape）的古吉莱·恩昆蒂（Gugile Nkwinti），另一位是北开普省（Northern Cape）的蒂娜·乔玛特－彼得森（Tina Joemat－Petterson）。（Hall，2009）

人们寄希望于政府放弃市场驱动土地交易的某些方面，并引入更多的征用要素，这将为加速土地改革计划起到什么样的作用，人们将拭目以待。

纳米比亚现状

正如莫瑟姆（Moorsom，1982）所认为的那样，德国人（1884—1915）和南非人（1915—1990）都曾掌控殖民政权，他们探寻矿产并鼓励白人殖民者从事农业。要实现这两个目标均需要掠夺大量土地，这最终导致了土著农民流离失所。

20 世纪早期，在所谓的警管区建立之后，德国人击败赫雷罗和纳马等部族，土地剥夺和流离失所愈演愈烈。警管区指的是该国中部和北部的土地。它始建于 1906 年，当时德国殖民统治者禁止在该地区北部边界（现今的奥希费洛）以外买卖枪支、马匹和烈酒。该地区受直接殖民统

治，受保护的白人被允许占有该区。在南非的统治下，根据1919年的第
15号公告规定，任何人未经许可都不得越过该区域。随着白人农场的增
加和扩大（Amoo，2001），该区域的边界多次改变。通过战胜方的权利、
保护条约和立法，德国征用了警管区和其他地方的大部分土地。

因此，1905年，在与赫雷罗族和纳马部族/达马拉人的战争之后，
德国殖民政府发布了一系列法规，征用"所有部落土地，包括酋长给予
传教士的土地"（Amoo，1999，第27页）。阿莫（Amoo，1999）认为，
很多土地是通过与土著统治者签订的保护条约获得的。未经德国皇帝
（统治者，Kaiser）同意，受德国保护的人不得将其土地转让给任何其他
国家的人；也不能与任何其他政府签订条约。表3-4展现了在德国通过
战争征服和条约获得的土地上白人殖民者定居情况。

表3-4　　　　　　　　　　纳米比亚白人农业扩张情况

年份	1904年	1913年	1938年	1960年	1970—1971年
农场数量（个）	458	1331	3305	5216	4842
面积（百万公顷）	4.8	13.4	25.6	39.0	36.0

资料来源：Moorsom（1982，第30页）。

在整个殖民时代白人农业表现出惊人的增长（表3-4）。随着时间
的推移，因计划扩大农业或采矿勘探规模，越来越多的土地被征用。据
阿莫（1999）的说法，到1902年，纳米比亚土地总面积约为8350万公
顷，而土著人手中仅有约3140万公顷（即38%）土地。白人农民已经
获得了约370万公顷的土地，到1904年增加到480万公顷，但是特许公
司还有2920万公顷土地，殖民政府有1920万公顷土地。需要注意的一
件事是，纳米比亚北部地区，如奥万博兰，在殖民政策之下（居住人口
超过50%的地区），就像东北部地区一样（如今的奥卡万戈和卡普里维）
土地没有被大量征用。

在殖民统治结束时，土地被划分为国有（王室）土地、公共土地和
私人土地。国有土地是指那些个人不可合法拥有的土地。公共土地包含
给土著居民划定的土地，它是"根据明确存在的部落来分配的，这些部
落归属于土著保留区和托管地"（Amoo，2001，第92页）。公共区域的

土地所有权基于团体所有权和个人使用权，酋长有权分配土地。私有土地是终身保有的土地。在殖民统治下，警管区绝大部分是私有土地。目前，它适用于所有商用农田以及城市中心的不动产土地。这种土地分类制适用于今天的纳米比亚（Amoo，2001）。

独立时的情况

大约32%适合农业生产的土地属于不动产土地，其余土地属于公共用地（GRN，1991；Werner，1998）。继纳米比亚共和国政府之后，沃纳认为我们应该考虑到许多公共用地未得到充分利用和开发的事实。这类土地大多缺水。如果考虑到这一点，那么商业用地将有57%可作为农业用地，而公共用地将有43%可用于农业。这些土地大多没有界线也没有圈围起来。根据亚当斯等人（Adams et al.，2000）的说法，这类土地大部分都未开垦过。纳米比亚土地所有权的数据存在出入。因此，根据亚当斯和德维特（1992）的统计，有4200名农民拥有商业土地（占总土地的52%至57%）。他们拥有6300个永久业权的耕作单位（Werner，1998），6292个农场（Amoo，1999）。然而，大家一致认同的是绝大多数土地业主都是白人。因此，阿莫（1999）引用当时的总理哈格·根哥布（Hage Geingob）的话说，6292个商业性农场中有6123个为白人所有，这3440万公顷的土地约占商业性农业用地的95%，其中有382个农场（约270万公顷）属于境外地主，而其中90万公顷分别属于奥地利人、法国人、意大利人和瑞士人，约170万公顷属于南非人。

自独立以来的发展

西南非洲人民组织（SWAPO）政府承诺与以前的种族政治拥护者和解。民族和解包括以协商的方式调和土地问题上的矛盾。正是在这种背景下纳米比亚举行了第一次土地会议。

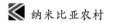

全国土地改革与土地问题会议

在 1991 年中期，时任总理根哥布主持了土地会议。该会议持续了五天（1991 年 6 月 25 日至 7 月 1 日），参会者包括来自全国各地的约 500 名代表，还有大约 150 名观察员（Adams and Devitt，1992）。一些在会上发言的人来自博茨瓦纳、马拉维和津巴布韦，以提供他们各自的区域视角。他们在约 24 项决议上达成共识。沃纳（Werner，1997）认为，这些决议理应为土地政策提供一个能达成共识的基础，但它们却对政府没有约束力。1991 年土地会议上做出了哪些重要决议呢？

据亚当斯和德维特（Adams and Devitt，1992）所讲，其中的决议包括：外国人不应拥有农田，尽管依据纳米比亚吸引外国投资的政策，理应给予他们使用和出租土地的权利；征用那些境外居住地主拥有的土地和大农场，不允许个人拥有过多的农场，对商用农田征收土地税；改善农场工人生活条件和解决公共土地区域的冲突。还有一项避免解散会议本身的重要决议是，对于在德国和南非殖民统治期间已经失去土地的群体，会议同意不要求他们归还土地。这是因为各种族裔群体祖先土地的权利相互叠加，很难弄清楚哪块土地究竟属于谁（Adams and Devitt，1992；纳米比亚农业联盟，NAV，2003）。而且，在前殖民时代，土地边界频繁改变，没有人知道原来的土地究竟属于哪个群体。必须要说明的是，在会议上土地归还是一个争论激烈的问题，亚当斯和德维特报告说，这一议题几乎打乱了整个会议的秩序。土地会议最重要的决议之一是建议设立商用农田技术委员会，该委员会将调查与商用农田有关的问题，如利用不足、非本国所有权、适当的农场规模、多重所有权和农业税等。更具体地说，委员会的主要目标是"建立一个权威的数据库，以便形成合理的政策建议"。正如纳米比亚农业联盟（NAU）所指出的那样（2003），它没有为土地改革制定任何目标，也没有为权威数据的一系列保存立规，这些数据在土地分配中会用得到。但必须指出的是，《农业（商业）土地改革法》的制定，部分遵循了委员会的行动。

1994 年土地会议

　　第二次重要的土地会议于 1994 年在非政府组织的主持下召开，该会议认为应该由更多人共同制定土地政策。1994 年成立的非政府组织土地改革工作委员会于 1994 年 9 月在纳米比亚南部马林塔尔（Mariental）召开了他们所谓的人民土地会议。这次会议的成果是承诺游说政府起草土地立法（Werner，1999）。根据沃纳（1999）的说法，这次会议的一个积极结果是土地部要求纳米比亚非政府组织协会（NANGOF）参与起草公共土地法案（公共土地不是该文件的重点）。

　　经过多年的努力，纳米比亚处理土地问题的一些体制机构已经逐渐形成。其中包括土地改革内阁委员会（ACCLR），该委员会由土地安置回迁部（MLRR）部长担任主席，并就土地问题向内阁提供建议。国家土地改革指导委员会（NSCLR）向土地改革内阁委员会提供建议。国家土地改革指导委员会由所有常任秘书组成，由土地移民安置回迁部常务秘书长担任主席。还包括一个由土地安置回迁部于 2000 年任命的土地改革常驻技术小组（PTT），就土地改革的技术问题向其提供建议。其他机构包括后面将讨论到的土地改革咨询委员会和公共土地委员会（CLB）。

　　在纳米比亚，除宪法外还有其他一些与土地改革问题相关的法律政策。其中最重要的一条法律是《农业（商业）土地改革法案》。还有2002 年的《农业（公共）土地改革法案》以及国有土地政策、国家重新安置政策和土地所有权政策（2005 年由内阁通过）。

《农业（商业）土地改革法案》

　　此法案颁布于 1995 年，其重要条款之一是成立土地改革咨询委员会（LRAC），为国土部长出谋划策。该委员会的成员是土地利益相关者。该法案还赋予国家购买商用农田的优先权，并为土地市场补偿作了规定（Werner，1999）。它明文禁止单个人拥有多重土地所有权。根据沃纳的说法，该法案另设了一个土地审裁处，限制非纳米比亚人购买土地，并明确规定了如何规划和分配商用农田，还规定实施征收土地税。

总之，该法案旨在赋予国家以法律手段实现商业性农场的强制征地（在买卖双方自愿原则行不通的情况下），以便安置那些没有足够土地的人并实施土地改革（Amoo，1999）。因此，1995年法案的主要目标是土地移民重新安置。国土部长有权收回被认定为未充分利用、多余的和/或外国人拥有的土地。正如纳米比亚农业联盟（NAU，2003）所指出的那样，该法案没有给出多余的或未充分利用土地的定义。根据范·唐吉等人（Van Donge et al.，2005，第16页）的看法，"这项立法和及据此制定的国家安置政策所产生的影响较小。个人重新安置的计划比集体重新安置（19.6亿公顷）的计划更大（1992—2004年期间为53.1万公顷）。但相比于平权运动贷款计划（312万公顷）它又很小"（见表3-5）。

《农业（商业）土地改革法修正法案》（2002年第13号法案）旨在弥补1995年法案中的漏洞。例如，1995年法案要求所有用于出售的商用农田必须先上交给政府，由政府按照重新安置计划进行重新分配。直到2002年，将土地作为捐赠转让给不公开上市的公司这一规定从该法案规定中去除。修正法案涉及这个问题。

2002年《农业（公共）土地改革法案》

2002年的《农业（公共）土地改革法案》赋予了酋长或传统当权者一些基本的权利：分配土地权和/或撤销约定俗成的土地权，但是酋长的权利必须由公共土地委员会（CLB）批准，因此该法案建立了一些公共土地委员会。公共土地委员会的总体职责是给土地分配规约权（最多20公顷农业用地），决定租赁权（商业用途），在公共区域建立区域土地登记，解决土地纠纷并向国土部部长提建议。该法案旨在确保传统群体中的人们在正式失业的情况下获得土地。根据沃纳（2008，第13—14页）的观点，"在《农业（公共）土地改革法案》中没有具体规定妇女土地权利，传统当权者面临着在习惯法与宪法和普通法的要求之间取得平衡的艰巨任务。《农业（公共）土地改革法案》未能涉及这样一个问题，即在约定俗成的法律下，在配偶去世后，土地获得及转让受到基于性别角色的权力关系的制约"。

国家土地政策

该政策强调纳米比亚人在获得土地方面的平等权利、机会和保障。该政策明确规定政府可以取得土地进行再分配。这可以通过国土部部长行使优先购买权（但基于买卖双方自愿的原则）或通过强制手段获取未充分利用的或多余的土地。该政策还谈到在公共区域附近购买相邻土地以进行再分配，开发公共土地和鼓励公共土地上较为成功的农民向商业区转移并且在商业区创业。根据沃纳（2008，第11页）的观点，依据"宪法"第95条（a）款，国家土地政策赋予妇女"在所有形式的土地权利上与男子同等地位，无论是作为个人还是作为家庭土地所有权信托成员……每位失去丈夫的妻子（或失去妻子的丈夫）都有权继续享有其配偶生前所享有的土地权利"。

土地所有权政策

该政策着眼解决的问题包括农场工人的土地所有权和从农场驱逐农场工人。根据该政策而设立的地区土地所有权委员会负责调解土地所有者和土地占用者之间的争端，包括驱逐、迁移和重新安置农场工人。委员会指导存在分歧的土地所有者和土地使用者。根据这项政策，农场工人及其家人依然可以住在农场，只要他们已经在这里生活、工作不少于10年。退休后，他们可以留在农场并使用土地进行适度耕作。在必须驱逐农场工人的情况下，"有一个宽限期，在此期间，在国土资源部的协助下土地所有者帮助农场工人安排合适的移民安置点"（LAC，2005）。

国家重新安置政策（NRP）

该政策重点解决殖民时期在重新分配土地上的失衡问题。其目的是为某些特定的目标群体（即土地、收入或牲畜很少或没有土地的群体）提供机会，使他们能够自给自足地生产粮食，将其带入主流市场，从而为国家经济做出贡献，创造就业机会或从事农业中的创收活动。该政策还被视为减轻公共区域人口压力并使一些个人和群体重新融入主流社会的一种方式。国家重新安置政策表示其目的是"使定居者在粮食生产或自谋职业和创收技能等方面自食其力"。约有24.3万纳米比亚贫困人口需要通过国家重新安置政策进行重新安置。

土地分配和移民重新安置进展情况

正如沃纳所说，纳米比亚的土地分配进展从一开始就很缓慢。到20世纪90年代中期，国土部只收购了商业农场中的17个农场（Werner，1999）。阿莫（1999，第13页）引用土地部的报告如下："到1997年，已收购本国各地区的22个农场，包括10.9287万公顷，费用为1889.1292万纳米比亚元，并已分发给纳米比亚人。"到1998年中旬，已经购买了52个农场，包括31.0246万英亩（Shanyengana，1998，第15页，转引自Werner，1999，第2页），每公顷的平均成本约为130纳米比亚元（Werner，1999）。霍马斯区和奥乔宗朱帕区是花费最大的两个区，平均分别为265纳米比亚元和254纳米比亚元（NAU，2003）。与此同时，政府承诺每年投入2000万纳米比亚元用于采购商用农田。这使该部能够获得约42.4334万公顷的土地。其中，40.1729万公顷被购买，2.2605万公顷由已故著名商人沃纳·利斯特（Werner List）捐赠。到2000年，政府花费了大约52451.35纳米比亚元。截至2000年中期，为重新安置而购买的商业农场总数为79个。截至2002年8月，共收购118个农场，占地71.0468万公顷，总费用为1.05127469亿纳米比亚元（NAU，2003，第82页）。根据纳米比亚农业联盟（NAU，2003）的说法，如果每年土地购买预算为2000万纳米比亚元，那么可能只用完了预算的52.5%。还应该指出，购买的土地有40%位于卡拉斯和哈达普的两个半干旱地区。鉴于这些地区发展农业非常困难，所以该地区的农民似乎更愿意出售他们的土地。这些地区很难获得资金和技术，可能不适合重新安置大量贫困人口。

还必须提及 1992 年开始的平权运动贷款计划（AALS）。它是 1991 年农业银行修正案第 27 号和 1992 年农业银行事项修正案第 15 号的成果。该计划向黑人商业农民提供补贴贷款（从 25 万纳米比亚元到 50 万纳米比亚元不等），25 年内还清。此外，政府提供不超过贷款额 35% 的保证金，其中包括转账费用和服务费。大约 10% 的国家担保可以用来抵销购买土地的费用。该计划通过农业银行运作，"据报道，在前九个月，根据该计划 70—80 个农场已经转手，大约 300 名黑人农民获得了购买商业用地的贷款"（Adams and Howell，2001，第 5 页）。根据纳米比亚农业联盟（NAU，2003）的数据，从 1992 年到 2003 年 3 月，276 名全职农民成功申请贷款，贷款金额够他们购买 161 万公顷土地，180 名兼职农民购买了 97.3321 万公顷的土地。根据立法行动委员会（LAC，2005，第 28 页）的数据，"2004 年 3 月至 9 月期间拖欠的金额翻了一番，2004 年 3 月，农业银行报告说，544 个平权运动贷款计划贷款账户中有 199 个或 37% 拖欠还款"。

移民安置到底怎么样呢？情况不是很清楚，尽管政府声称自独立以来已有 2.72 万人被重新安置在商用农田上，而 7200 人被安置在公共土地上（Harring，2000）。土地移民安置部给出的数字是 2.2133 万，包括 3464 个家庭。无论如何，这约占官方认可需要重新安置人口的 10%。"2001 年初，农业不动产可再分配的总面积为 56.8821 万公顷。自 1990 年以来，重新安置的人口总数为 6661 个家庭"（Werner，2001）。移民安置计划确定了需要土地重新安置的人大约有 24 万（NAU，2003）。已经重新安置不到 10% 的人，这种情况并不那么让人乐观，因为纳米比亚已经独立十多年了。截至 2004 年，土地分配情况如表 3－5 所示。

纳米比亚土地改革面临以下困境。

1. 法律问题。掌权的西南非洲人民组织政府上台执政后，认为土地问题应该解决，宣布促进土地再分配的计划，以此解决早期在种族隔离制度下形成的不平等（Harring，2000）。西南非洲人民组织政府的想法与纳米比亚宪法契合，该宪法致力于解决因种族主义、殖民主义和种族隔离而造成的纳米比亚人权利长期被剥夺的问题。

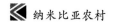

表 3 - 5 　　　　　　　　纳米比亚农业用地分布（2004 年）

商业用地	3600 万公顷
公共土地	3400 万公顷
农业用地总量	7000 万公顷
非洲人手中的商用农田	
个别小农安置	530.5 万公顷
集团小农安置	195.4 万公顷
平权运动贷款计划	347.07 万公顷
独立后总分配量（1990）	419.66 万公顷
预计额外转账	
以前获得的国有土地（商业）	50 万公顷
在市场上黑人购买的商业用地	30 万公顷
非洲人手中未重新分配土地估计总数	80 万公顷
非洲人手中的商业用地	±500 万公顷

资料来源：J. Van Donge（2005）。

对土地再分配来说，纳米比亚宪法既有局限性，也提供了机会。可以从以下条款中看出其提供的机会。第 10（2）条规定："任何人不应该因性别、种族、肤色、族籍、宗教、信仰或社会或经济地位而受到歧视。"第 23（2）条规定："本法第 10 条中的任何内容均不得阻碍议会为纳米比亚境内人员改善处境而直接地或间接地颁布法规，这些人曾因带有人种歧视色彩的法律或惯例在社会、经济或教育上处于不利地位，这些法律和惯例也造成了纳米比亚社会、经济或教育不公，本法第 10 条中的任何内容也不得阻碍议会为纠正这些不公而实施政策和方案。"

局限性则表现在第 16 条，它规定：

> 所有人均有权在纳米比亚的任何地方单独或与他人共同获得、拥有和处置所有形式的不动产和动产，或将其财产遗赠给其继承人或受赠人，但前提是议会能通过立法禁止或监管非纳米比亚公民获取财产的权利。

哈林（2000）认为，这是掌权的西南非洲人民组织政党必须做出的妥协之一，以便新的政治体制在 1990 年 3 月生效。这一立法的重要影响是，就像在津巴布韦一样，土地收购是在"买卖双方自愿"的基础上进行的（Amoo，2000）。如果有任何形式土地征用，那么只需要赔偿那些失去土地的人（Adams et al.，2000）。"然而，土地改革没有直接来自宪法的障碍：国家明天就可以合法地征收纳米比亚所有农场，然后在司法机构依法监督下，根据任何土地改革计划重新分配这些土地。"（Harring，2000，第 5 页）哈林的主张基于这样一个事实，即纳米比亚宪法第 16 条第 2 款通过赋予国家"为了公共利益，有权强制取得私有财产，但必须支付赔偿金"来限制私有权（Amoo，2000，第 9 页）。宪法还要求议会颁布法案公布土地征用权。公共利益是根据主权国家管辖权来定义的。正因为这一点，阿莫（2000）认为，考虑到纳米比亚的历史背景，土地重新安置和土地改革是合法的公共利益。应该根据宪法第 100 条的规定看待这一切，即非法拥有的土地、水和自然资源均归国家所有。

2. 经济问题。纳米比亚宪法规定给那些被征用土地的人提供补偿，这对纳米比亚政府来说是一个问题。它似乎面临着许多需要解决的问题，政府缺乏购买土地并将其分配给急需土地之人所需的全部资金。摆脱这种困境的一种方法是要求前殖民大国给予援助，就像英国应该向津巴布韦提供帮助一样。在纳米比亚，一直都有人认为德国理应出资帮助土地改革计划。鉴于德国为援助该国发展做出了最大贡献，现任政府似乎不愿意采用这个方法。关于将南非作为仅剩的殖民政府的观点尚未展开讨论，大概是因为南非正在努力解决自己的土地问题。

相关问题涉及农民对土地的定价，因为他们知晓了买卖双方自愿的原则。农民被指控故意抬高土地价格以逃避出售土地或赚取高额利润。纳米比亚农业联盟是代表商业（主要是白人）农民的一方，它认为农场的价格很高是必然的，因为农民认为土地是一种投资，资本增长率比通货膨胀率高 2%—3%。许多农民也将农场视为退休后的生活来源。他们希望以能让他们退休后生活无忧的价格来出售农场，因为许多农民没有购买养老基金。一些农民希望在城市地区安享晚年，所以从出售农场获得的钱也应该能让他们在城市地区购置房屋。因此，政府和农民仍然就土地定价问题各执己见。农民似乎不想将土地出售给纳米比亚政府，他们一直在创建非上市公司，并将自己农场交付这些公司（Fuller et al.，2002）。将来，他们手中持有公司大部分股份，可以用来购买农场。

"1995年的法案未涵盖此类后续交易，因为该法案仅涉及土地，而未涉及公司股份"（Fuller et al.，2002，第2页）。《农业（商业）土地改革法修正案》（2002年第13号法案）随后弥补了这个漏洞。

与津巴布韦一样，必须考虑农业经济对纳米比亚国内生产总值的重要性。商业性农业占GDP的8%左右。然而，这并非实际的贡献，因为农业部门与第二、三产业相联系。据纳米比亚农业联盟（NAU，2003，第43页）称，"如果将一般乘数效应视为1.8，那么农业实际上对国内生产总值的贡献接近12.6%"。此外，农业（主要是牲畜）占据出口市场的7%（NAU，2003，第43页）。纳米比亚农业联盟（NAU，2003）称，不应低估农业（通过娱乐畜牧业）对旅游业的贡献。2000年，战利品狩猎对国内生产总值的直接贡献为3400万纳米比亚元的住宿费和价值8450万纳米比亚元的农场狩猎战利品。虽然这些数字看起来相对较小，但纳米比亚就业人口中有27%与商业性农业有直接或间接的联系（Smit，2000）。扰乱商业性农业将导致失业。与此同时，"由于白人农民的政治实力植根于经济，相比于改革那些基于利润丰厚农场的农业秩序，改革那些基于贫困农场的农业秩序在政治上更容易些"（Harring，2000，第20页）。

土地性质是所有土地改革计划的重要因素。纳米比亚属于撒哈拉（Sahara）以南最干旱的地区。根据沃纳（1997）的研究，60%土地的降雨量约为300毫米或更少。只有5%的地区有足够的降雨量适宜旱地作物种植。这意味着商业农民需要大片的土地才能使农业成为可盈利的营生。北部养牛区的农场平均规模在5500公顷左右，而在面积较小的南部地区，专门从事小型农业种植的面积超过7500公顷，这些都并非偶然（Smit，2000）。阿莫（1999）谈到农场平均面积超过8500公顷，大多数农业都以饲养牲畜为主要形式，所以商业性农场的牲畜占纳米比亚农业总产值的69%。商业性农场的农作物产值仅占该国农业总产值的4%（Smit，2000）。根据哈林（2000，第19页）的说法，"纳米比亚的4000家农场企业都没有盈利（据纳米比亚农业联盟称，这些农场越来越多地处于负债状态）并且对环境具有破坏性，产出很少或根本没有产出，同时……一直保持着资源浪费的农业生产方式""将经济不景气的白人农场分给黑人……从法律上使这种低效率的生产方式得以延续"。这就是移民安置政策在某些地区产生的影响。

3. 政治问题。哈林（2000）认为，所有的土地都必须按照一定的政治、社会和经济土地改革制度进行分配。纳米比亚的土地改革政策缺乏明确性。哈林认为，这不是偶然事件，而是试图拖延解决那些本质上很棘手的问题。一个比较棘手的政治问题是，究竟该实行土地分配还是土地归还，这不是政治词语的问题。过去，大多数人因丧失祖先留下的土地而贫困，他们主张土地归还，他们当中许多人是赫雷罗和那马/达马拉等部族的人，虽然是少数群体，但他们也恰好是政治反对派的支持者。许多主张土地再分配的人恰好是政府的支持者，绝大多数来自北部公共用地实行混合农业的地区，这些地区的土地被剥夺的较少。用保尔森（Paulsen，1996，第9页）的话来说，"西南非洲人民政府政治权力基地——奥万博兰根本无法与津巴布韦非洲民族联盟权力的中心马绍纳兰（Mashonaland）（它从未受到殖民占领的影响）相提并论"。如沃纳所说，正因为如此，纳米比亚实行的土地改革对不同阶层的政治选民意义不同，"对土地改革的期望也取决于居民的土地是否曾被剥夺……在独立时期，纳米比亚土地改革的主要受益者是谁尚不清楚，土地改革的受益者到底是被历届殖民政府夺去祖先土地的少数人，还是所有需要土地的纳米比亚人"（Werner，1998，第1页）。

让纳米比亚进退维谷的是，让那些失去祖传土地的人恢复土地权就意味着大多数纳米比亚人不会成为土地改革的受益者，而给所有需要土地的人提供土地可能意味着那些从未失去土地的人会获得新的土地。与那些从未失去土地的人相比，那些土地曾被剥夺过的人可能终究处于不利地位。

新出现的问题：纳米比亚会发生上述情况吗？土地对所有人都非常重要，很难去想象没有土地的农村生活是怎样的。在非洲南部的农村地区，土地的地位很特殊，它是一个国家财富以及所有权的象征。白人对于上好土地的所有权不仅体现在经济上，在政治上，白人拥有上好土地也被仇视为殖民主义的象征（Harring，2000）。对于许多没有财产或无银行账户的非洲南部农村居民来说，他们心目中的唯一财富就是土地（以及离不开土地的牲畜）（Harring，2000）。

在纳米比亚、南非和津巴布韦，土地异化意味着以种族划分土地的极端形式。具有永久使用权的大部分土地（以及最好的土地）都属于白人。在新的政治制度下，土地改革、土地再分配和移民重新安置几乎是不可避免的。人们认为，想要社会稳定，必须进行土地再分配，但其形式、进度和程度仍存在争议。首先会出现这样一种两难境地，即极端的土地再分配会对农业生产造成负面影响（正如津巴布韦所发生的那样），然而那些土地被征用的人需要立即伸张正义，因为在他们的支持下会产生新的制度。这三个国家可能没有足够的资金向现在的土地所有者支付公平的补偿款，但缺乏这种补偿的征用将削弱投资者对该地区经济政策的信心，而该地区大多数经济政策依赖于投资者的信赖。由于现土地拥有者在最初被征用土地时并不关心补偿，这使得情况变得复杂起来。在今天，土地征用很有可能招致西方大国的广泛谴责，目前这些大国的自由市场意识主导着世界。在可预见的未来里，所有这些问题可能仍是纳米比亚、津巴布韦和南非三国在管理农村地区各种关系中发生争议和冲突的根源。

但这三个国家各不相同，而且这些差异源于他们如何处理土地。津巴布韦和纳米比亚两国大部分地区是农村，土地代表着多数人的财富。两国看待土地的角度不同。津巴布韦完全是一个农业国，约73%的人口在农村地区。同样，纳米比亚也是一个农业国，67.6%的人口生活在农村地区（联合国组织，UNO，1994）。这两个国家的大多数人都是生活在农村的耕田人和/或牧民。许多人的生活极度贫困，土地是他们心目中唯一的财富形式。土地对村民的重要性体现在精神文化上（如墓地）。因此，在大多数农村地区，无地或近乎无地会使人们失去生活的希望。因此，土地是一个重要的政治话题。在津巴布韦，执政的津巴布韦非洲民族联盟的政治根基是农村地区并非偶然。而南非只有43%—44%的人口在农村地区。此外，南非是一个工业化程度较高的国家，拥有更广阔的市场、更多的资本和技术资源，还有更高层次的制造业和企业基础。因此，与其他两个国家相比，南非可能具有更高的土地集约利用率和生产力，它还有更多能够用于（并且已经）重新分配的国有土地。总而言之，南非可能不存在像津巴布韦那样的土地再分配压力。此外，南非执政的非洲国民大会，其政治基础在城市地区，而以土地为其核心竞选议题的政党（即PAC）一直在挣扎中生存。

根据南非农业部部长的说法，国家是本国最大的土地所有者（《邮卫报》，2000年8月2日）。国家拥有约20%的土地，总面积为2430万公顷。斯班达（Sibanda，2001）说，国有土地为2550.9004万公顷，其中 1333.2577 万公顷由国土部管理。这个数字不包括因戈尼亚信托基金会等半国有企业掌控下的 8.6% 左右的土地。据农业部部长透露，只有不到 10% 的国有土地可供再分配。毋庸置疑，津巴布韦和纳米比亚目前没有可以用于再分配的土地。因此，南非也可能具有更强的土地再分配能力，因为它拥有国有土地以及相对更多的资源，可以为土地再分配去购买土地或补偿那些失去土地的人。南非进行的土地所有权改革极大地为民众提供了土地保障，而在纳米比亚和津巴布韦，土地所有权改革则没有产生这样的效果。

还存在一个复杂情况。在纳米比亚，赫雷罗和那马/达马拉斯等部族的土地曾被白人夺走。虽然属于少数群体，但他们大多数恰好是政治反对派的支持者。他们因为失去祖传土地而致贫，主张归还土地。而许多主张土地再分配的人恰好是政府的支持者，其中绝大多数来自土地剥夺情况较少的北部公共用地实行混合农业的区域，他们认为土地再分配（相当于归还土地）是更可行的土地改革措施。分属不同地区的政治选民对土地改革有着不同理解，这使得政府在土地侵占问题上更加犹豫不决。津巴布韦的情况则完全不同，对该国来说土地归还是一个更为普遍的诉求。

土地质量是纳米比亚土地改革中的另一个问题。纳米比亚所在的区域是撒哈拉以南最干旱的土地，适合发展农业的土地很少。实际上自给农民很难在纳米比亚土地上谋生。甚至商业性农业发展似乎也基于贫困农场（Harring，2000）。正是这样，梅尔伯（Melber，2001）指出，数千名纳米比亚退伍军人（西南非洲人民组织的战士）要求国家采取行动解决他们的生活问题，他们一直要求安排他们在公共部门就职或给予他们经济补偿，而不要土地赔偿。然而，津巴布韦退伍军人却希望获得土地。从许多方面来看，津巴布韦和南非拥有更多的可耕地，这些耕地一直都可以高效生产农作物。

纳米比亚和南非可能发生土地侵占事件吗？是的，其实已经发生了，尽管这些事件现在（或中长期）没有得到国家的支持，因为纳米比亚和南非都不想要穆加贝为他自己和津巴布韦人民所取得的边缘化身份。从这个意义上讲，津巴布韦已经开始进行的土地侵占在经济生产方面几乎没有取得任何成就，这降低了土地侵占被其他国家效仿可能性。也可能有人认为，津巴布韦已经独立了 31 年，纳米比亚才独立 21 年，而南非新的政治体制只有 17 年（均截至 2011 年），因此，纳米比亚和南非的新精英人士安居乐业的时间短得多，国内社会矛盾发展的时间也短得多。这些矛盾都还不至于发展到要通过动员农村群众发动暴力掠夺土地，以此作为保持政权的爱国行动。虽然可能需要考虑这个因素，但更重要的因素是纳米比亚与南非和津巴布韦之间政治经济的差异。南非新兴城市中的经济精英不必完全依靠动员农村群众去维持政权。他们需要关注的是城市居民（即正规和非正规部门的工人、失业青年、小企业经营者和其他人）。在纳米比亚，土地征用的历史差异意味着执政党不太可能将土地问题变成动员群众的工具。反对派的群众基础是历史上曾被剥夺土地的人，纳米比亚认为将土地作为政治工具是有价值的。此外，干旱的土地使得任何小规模经营者都不可能有希望在土地上发家致富。那些弱势群体所寻求的是工作而不是土地。因此，纳米比亚和南非的政治经济动态使这些国家根本不可能致力于一个无法掌控的改革进程而眼睁睁看着统治者精英的权威受到损害。

概念回顾		
·混合农业	·土地分配	·轮耕闲置土地
·耕作	·土地分割	·轮作种植休耕
·合作农场	·土地改革	·迁徙农业
·捕鱼	·土地所有权	·专业园艺
·洪积地耕作	·土地使用	·树木种植
·集体土地持有	·大庄园制	
·庄园	·小农场	
·狩猎和采集	·畜牧业	
·土地	·租赁契	

新出现的问题

1. 土地对所有人都非常重要。如果没有土地，很难想象农村的生活会是什么样的。在非洲南部，农村土地使用模式包括种植、畜牧业、渔业、狩猎和采集。虽然这些模式的混合因地而异，但绝大多数人都从事种植。事实上，狩猎、采集以及捕鱼这类生活方式似乎快要消亡。

2. 种植和农业一般作为十分复杂多变的行业而存在。有些耕作方式不像其他方式那么永久。永久性较低的耕作方式采取迁徙农业或其他方式。随着人口的增加，土地供应的减少和农业现代化的普及，轮耕作为一种生活方式也趋于消亡。

3. 土地所有权作为一个涉及土地拥有和获取方式的概念，对于了解农村生计和不同的使用权模式非常重要。一些传统的土地所有权制度仍然存在，它们都强调集体持有和对土地的非所有权。殖民主义、人口增长、土地供应减少和农业现代化都威胁着这种土地使用权形式。在该地区的所有地方，传统土地所有权越来越多地被终身土地所有权所取代。这个过程中需要的个性化意味着我们能期待在不久的将来，拉丁美洲和亚洲农村的情况将在非洲的农村地区发生。考虑到非洲相对不发达的情况，没有土地和贫困加剧可能成为许多农村居民生活状态的一部分。

4. 在纳米比亚、南非和津巴布韦，土地异化意味着以种族划分土地的极端形式。具有永久使用权的大部分土地（以及最好的土地）都属于白人。在这里，采取土地永久使用权制度。随着新制度的诞生，土地改革、土地再分配和土地移民重新安置是不可避免的。人们认为想要社会稳定，土地再分配必然会发生，但其进度和程度仍存在争议。首先会出现这样一种两难境地，即极端的土地再分配会对农业生产造成负面影响（正如津巴布韦所发生的那样），然而土地被征用的人伸张正义迫在眉睫，因为他们的支持会带来新的制度。受影响的国家可能没有足够的资金向现土地所有者支付公平的补偿款，但缺乏补偿的征用将削弱投资者对该地区经济政策的信心。由于现土地拥有者在最初征用土地时并不关心补偿，这使得情况变得复杂起来。在今天，土地征用很有可能招致西方大国的广泛的谴责，当前这些国家的自由市场意识形态统治着世界。在可预见的未来，这些问题可能仍是受影响的国家在管理农村地区各种关系中发生争议和冲突的根源。

参考文献

Adams, E. and W. Werner: *The Land Issue in Namibia: An Enquiry*, NEP-

RU Windhoek.

Adams, M. E. , and P. Devitt; 1992: "Grappling with Land Reform in Pastoral Namibia", Pastoral development Network, 32a, March London UK.

Africa All-Party Parliamentary Group ; 2009: *Land in Zimbabwe: Past Mistakes, Future Prospects*, December, www. royalafricansociety. org.

Allan, W. ; 1965: *The African Husbandman*, Greenwood Press Connecticut.

Amoo; 1999: "Land Tenure and Land Reform in Namibia", *Research Review of Southern Africa* , Vol. 3, No. 1, pp. 1 – 37.

Amoo; 2001: "Towards Comprehensive Land Tenure Systems and Land Reform in Namibia", *South African Journal of Human Rights*, Vol. 17, No. 1, pp. 87 – 108.

Benneh, G. ; 1972: "Systems of Agriculture in Tropical Africa", *Economic Geography*, Vol. 48, pp. 244 – 57.

Beinart, W. ; 1994: *Twentieth Century South Africa*, Cape Town: Oxford University Press.

Binn, T. ; 1992: "Traditional Agriculture, Pastoralism and Fishing" in Gleave M. B. (ed.), *Tropical African Development*, Longman London Centre for Development and Enterprise (CDE) (2008) *Land Reform in South Africa Getting back on Track CDE Research*, No. 18, Johannesburg, South Africa.

Cloete, F. ; 1992: "A Comparative Lessons for Land Reform in South Africa", *Africa Insight*, Vol. 22, pp. 249 – 258.

Christiansen; 1993: "Implementing Strategies for the Rural Economy: Lessons from Zimbabwe, Options for South Africa", *World Development*, Vol. 21, pp. 1549 – 1560.

CFU; 2003: *The Current Status of Commercial agriculture*, Zimbabwe CFU Harare.

Cliffe, L. ; 2000: "Land Reform in South Africa", *Review of African Political Economy*, Vol. 27 No. 84, pp. 273 – 287.

Cousins, B. : "Why Land Invasions will Happen Here too" , www. Oxford. org. uk/Landrights/SAZiminv/rtf.

Cousins, B. and S. Robins; 1994: "Institutions for Land Redistribution and

Management: the Zimbabwean Experience", *South African Sociological Review*, *Vol.* 6, pp. 32 – 55.

Cousins, B. and S. Robins; 1995: "A Role for Common Property Institutions in Land Redistribution Programmes in uth Africa", *International Institute for Environment and Development Gatekeeper Series*, No. 53, London.

Crothers, C.; 2000: "The Effect of Community Context in the South African Land Reform Programme", *Sociological Research Online*, Vol. 5 No. 2, pp. 1 – 8 , http: //www. socresonline. org. uk/5/2/crothers. html.

Davenport, T.; 1991: *South Africa: A Modern History*, Macmillan, London.

DFDI; 2000: "Land Resettlement in Zimbabwe", *Background Briefing Copyright*, UK Ltd London.

Darroch, M. and Lynne, M.; 2002: *Helping Disadvantaged South Africans Access the Land Market: Past Performance and Future Policy BASIS*, http: //www. basis. wisc. edu.

Dorner, P.; 1972: *Land Reform and Economic Development*, Penguin, London.

Forster-Carter, A.; 1985: "The Sociology of Development" in Haralambos, M. (ed.), *Sociology: New Directions*, Causeway Books, London.

Francis, E. and G., Williams; 1993: "The Land Question", *Canadian Journal of African Studies*, Vol. 27, pp. 380 – 403.

Fraser, A.; 2008: "Whoite Farmers Dealings with Land Reformin South Africa: Evidence from Northern Limpopo Province", *Journal of Economic and Social Geography*, Vol. 99, No. 1, pp. 24 – 36.

Herbst, J.; 1991: "The Dilemmas of Land Policy in Zimbabwe", *Africa Insight*, Vol. 21, pp. 269 – 276.

Fuller, B., G. Eiseb, L. Rugube and W. Chamber; 2002: "Land Redistribution in Namibia and Zimbabwe", *Basis Brief*, August.

Gaidazanwa, R.; 1995; "Land and the Economic Empowerment of Women: a Gendered Analysis", *SAFERE*, Vol. 1, No. 1, pp. 1 – 12.

Goodall, B.; 1987: *The Facts on File Dictionary of Human Geography*, Facts on File Publications, New York.

Gould, J.; 1989: *Luapula*: *Dependency or Development*, Scandinavian Institute of African Studies.

Government of the Republic of Namibia; 1991: *National Conference on Land Reform and the Land Question*, office of the Prime Minister Windhoe.

Government of the Republic of Namibia; 1997: *National Land Policy*: *White Paper*, Ministry of Lands, Resettlement and Rehabilitation Windhoek.

Hall, R.; 2004: "A Political Economy of Land Reform in South Africa", *Review of African Political Economy*, No. 100, pp. 213 – 227.

Hall, R.; 2009: "Land Reform's Middle Ground", *Mail and Guardian*, Jul 31, 2009.

http://www.mg.co.za/article/2009 – 07 – 31 – a – fresh – start – for – rural – development – and – agrarian – reform.

Haralambos, M. (ed.), *Sociology*: *New Directions*, Causeway Books, London.

Hardiman, M. and J. Midgley; 1989: *The Social Dimensions of Development*, Gower, London.

Harring, S.; "The Stolen Lands Under the Constitution of Namibia: Land Reform Under the Law", Presented to AASA Conference July 2000 UNAM Windhoek.

Henderink, J. Sterkenberg; 1987: "Commercialization of Livestock and Differentiation of People in ngamiland, Botswana" in Henderink, J. Sterkenberg (ed.), *Agricultural Commercialization and Government Policy in Africa*, KPF, London.

Hitchcock, R.; 1982: *Land Reform in the Making*: *Tradition*, *Public Policy and Ideology in Botswana*, Rex Collins, London.

Hoogeveen, J. and B. Kinsey; 2001: "Land Reform, Growth and Quity: Emerging Evidence from Zimbabwe's Resettlement Programme-A Sequel", *journal of Southern African Studies*, Vol. 27, No. 1, pp. 127 – 136.

Howell, N.; 1979: *The Demography of the Dobe ! Kung*, Academic Press New York.

Hunter, J. and G. Ntiri; 1978: "Speculations on the Future of Shifting Cultivation", *Journal of Developing Areas*, Vol. 12, pp. 183 – 208.

IRIN; 2003: Web Special on Land Reform in Southern Africa, http: // www. innews. org. /webspecials/landre formsa/South – Africa. asp.

Jacobs, S. ; 1992: "Gender and Land Reform: Zimbabwe and Some parisons", *International Sociology*, Vol. 7, pp. 5 – 34.

Jacobs, S. ; 2000: "Zimbabwe: Why Land is a Gender Issue", *Sociological Research Online*, Vol. 5 No. 2, pp. 1 – 8, http: //www. socresonline. org. uk/5/2/jacobs. html.

Jeppe, W. ; 1980: *Bophutatswana: Land Tenure and Development*, Maskew Miller Limited Cape Town.

Johnson, R. ; Gregory, D. and D. Smith (eds.); 1994: *The Dictionary of Human Geography*, Blackwell Publishers, London.

King, R. ; 1977: *Land Reform: A World Survey*, G Bell and Sons Limited London.

Kinsey, B. ; 1999: "Land Reform, Growth and Equity: Emerging Evidence from Zimbabwe's Resettlement Programme", *Journal of Southern African Studies*, Vol. 25, No. 2, pp. 173 – 196.

Kirsten, J. ; van Rooyen and S. Ngqangweni; 1996: "Progress with Different Land Reform Options in South Africa", *Agrekon*, Vol. 35, pp. 218 – 223.

LAC; 2005: *An analysis of the Namibian Commercial Agricultural Land Reform Process*, LAC Windhoek.

Lahiff, E. ; 2008: *Land Reform in South Africa: Status Report 2008 Programme for Land and Agrarian Studies*, School of Government, University of the Western Cape.

Lange, G. ; Barnes and D. Motinga; 1998: "Cattle Numbers, Biomass, Productivity and Land Degradation in the Commercial Farming Sector of Namibia, 1915 – 1995", *Development Southern Africa*, Vol. 15, No. 4, pp. 555 – 572.

Liebenberg, B. ; 1993: *South Africa in the 20th Century* , Van Schaik Academic Pretoria.

Lynne, M. and M. Darroch; 2003: *Land Distribution on South Africa: Past Performance and Future Policy BASIS* , http: //www. basis. wisc. edu.

Mamdani, M. ; 1992: "Class Formation and Rural Livelihoods: A Ugandan

Case Study" in Bernstein, H; B. Crow, H. Johnson (eds.), *Rural Liveli-hoods*, Oxford University Press Oxford.

Mbithi, P.; 1974: *Rural Sociology and Rural Development: Its Application in Kenya*, East African Literature Bureau, Nairobi.

McGee, D.; 1986: "Subsistence Strategies and Systems of Land Use in Afri-ca" in Hansen, A. and D. McMillan (eds.), *Food in Sub-Saharan Africa*, Lynne Rienner Publishers Inc. Boulder.

Mcleod, M.; 2000: "Land Reform: Unfinished Business for the African Century", *Dollars and Sense*, Nov/Dec No. 232, pp. 31.

Melber, H.; 2001: "Contested Territory: Land in Southern Africa-An Over-view with Special Reference to Namibia", Unpublished paper Nordic Africa Institute Uppsala.

Miller, C. and Pope, A.; 2000: "South African Land Reform", *Journal of African Law*, Vol. 44, pp. 167 – 194.

Moorsom, R.; 1982: *Transforming a Waste Land*, Catholic Institute for In-ternational Relations, London.

Namibia Agricultural Union, 2003: *A Framework for Sustainable Land Use and Land Reform in Namibia*, Mimeo Windhoek.

Nyoni, J.; 1993: "A Land Reform, Land Use and Efficiency: the Zimb-abwean Experience and Lessons for Namibia", in Republic of Namiibia, Land as a Factor in Poverty Alleviationn in Namibia Ministry of Lands, Re-settlement and Rehabilitation, Windhoek.

Phillips, P., Manslow, B., and P. Keefe; 1989: "Sustainable Solutions to Land Use Conflicts: Cattle and Trees in the SADCC Region", Land Use Policy April 1989, pp. 151 – 161.

Riddell, J. and C. Dickerman; 1986: *Country Profiles of Land*, Tenure Cen-tre University of Wisconsin.

SEW; 1999: Year-Book 1999: *Land Affai*rs, http://usaembassay. southaf-rica. net/ TearBook1999/Land/land. htm.

Sachikonye, L.; 2003a: "Land Reform in Southern Africa: Rights, Justice and Sustainability", Futures for Southern Africa Conference, September 15 – 17 Windhoek.

Sachikonye, L.; 2003b: "The Situation of Commercial Farm Workers after Land Reform n Zimbabwe", *SARPN*, http://www. sarpn. org. za/documents/d000035 9/index. php.

Schapera, I.; 1943: *Native Land Tenure in the Betchuanaland Protectorate*, Lovedale Press, Cape Town.

Scoones, I. et al; 1996: *Hazards and Opportunities*, Zed Books London.

Scoones, I.; 2008: "A New Start for Zimbabwe?" http://www. lalr. org. za/news/a – new – start – for – zimbabwe – by – ian – scoones.

Ibanda, S.; 2001: "Land Reform and Poverty Alleviation in South Africa", SARPN conference 4 – 5th June 2001, Human Sciences Council 2001.

Smit, P.; 2000: "The Land Issue of Namibia: Some Environmental, Economic and Planning Perspectives", Ten Years of Namibian National hood Conference UNAM Windhoek.

Southern African Catholic Bishops Conference Parliamentary Liaison Office; 2010: *South Africa's Land Reform Programme: Progress and Problems*, Briefing p237.

Tapscott, C.; 1993: "A Land Reform, Agrarian Transformation and Rural Poverty in Namibia: Some Policy Issues in Republic of Namibia", Op Cited. UNO, 1994, *Namibia Human Development Report*, Windhoek.

United Kingdom House of Commons International Development Committee 2010, *DFID'S Assistance to Zimbabwe Eighth Report of Session 2009 – 2010 UK*, http://www. publications. parliament. k/pa/cm200910/cmselect/cmintdev/252/252i. pdf.

Van den Brink, R.; 2000: "Zimbabwe Land Reform Update March 2000", www. oxfam. org. uk/landrights/ZimWBupd. rft.

Van Donge J., G. Eiseb and A Mosimane; 2005: *Land Reform in Namibia: issues of Equity and Poverty*, ISS/UNDP Land, Poverty d Public Action Policy Paper No. 8, UNDP, New York.

Wenner, W.; 1999: "An Overview of Land Reform in Namibia", *Agrekon*, Vol. 38, Special Issue.

Wenner, W.; 2001: "Land Reform and Poverty Alleviation: Experiences from Namibia", www. Oxfam. org. uk/Landrights/NAZiminv/rtf.

Werner, W.; 2008: *Protection for women in Namibia's Communal Land Reform Act: Is it Working?* LAC Windhoek.

Whitemore, C.; 1981: *Land for People: Land and the very Poor*, Oxford, London.

Yedelman, M.; 1969; *Africans on the Land*, Harvard University Press Cambridge.

第四章

农村贫困问题

在许多情况下，贫困是生活方式和环境发生变化所造成的一种处境，人们发现由于社会的变化，他们被剥夺了权利且失去生存能力。正如钱伯斯（Chambers，1994）所主张的：与普遍的看法相反，穷人不一定是懒惰、毫无远见或是一味听天由命的，他们中的许多人想要依靠自己，有尊严地生存。因此，物质匮乏虽然不容忽视，但只是穷人生存状态的一部分，另一部分是他们因其处境所蒙受的侮辱。贫困也不完全是主观因素导致的问题，穷人所处的社会结构对他们的处境发挥着极大的作用。贫困问题与不平等问题交织在一起，从某种意义上说，贫困是不平等的最终结果，越不平等越贫困。在最不平等地方，贫困问题很有可能也是最严重的，但并非所有的不平等都必然导致贫困。因此，我们可以说，贫困问题涉及更广泛的社会结构。

在这一章中，我们首先讨论聚焦这一话题的原因；其次，我们展开描述围绕贫困一词的定义所产生的争论；最后，通过回顾纳米比亚贫困问题的研究，我们对该国的农村贫困问题进行专门论述。

为什么要研究贫困的问题，特别是农村的贫困问题呢？汤森（Townsend，1993，第120页）认为，"与不平等和秩序一样，贫穷是社会科学的主要概念之一，通过研究贫困问题可以更好理解和解读社会并对其加强管理"。哈迪曼和米奇利（1989）认为贫穷是研究发展的中心问题，也正是因为如此，才使得贫困问题的研究集中在第三世界。如果说持续贫困是这些国家和工业国家之间的一个非常重要的区别标准，那么它也是城市和农村地区差别的一个显著标志。如今，整个南部非洲都存在这种城乡差别，特别是在纳米比亚。

在国家内部，贫困是农业领域的一个突出特点。由于肮脏的城市环境和较差的住房条件容易被人们看到，人们通常误以为城市比农村地区的穷人更多。虽然城市确实有穷人，但大多数穷人都在农村……而且一般来说，农村地区获得现代社会服务的机会相当有限，第三世界中最为贫困的群体也集中在农村地区。

经常生活在偏远地区的人，例如无土地劳动者、游牧者、轮耕者和猎人，处于极度贫困之中，其生活水平远远低于城市居民以及普通农业家庭的生活水平。（Macpherson and Midgley，1987，第37页）

伯恩斯坦（Bernstein，1992）同样认为，农村贫困人口和其他人一样，只不过更加贫穷。

贫困的一般概念

在大多数概念中，贫困是指物质被剥夺或物质匮乏，但也存在着被剥夺了什么、被剥削了多少（规模和范围）和在哪个时期内被剥削的问题。还有人争论谁被剥夺，甚至是被剥夺的背景（即农村、城市、地区、国家或大洲）。一般而言，贫困可以被概念化为一种状态或一个过程。作为一种状态，它被看作是一种折磨着一定数量的人的现存状况。作为一个过程，贫困被看作是在相当长的时间，特定的人经历一系列状况的行为过程或变化过程。

1. 贫困作为一种状态

关于贫困的观念大多数是将其视为折磨人的状况。人们视贫困为一种绝对或相对的状态。这类定义涉及贫困的标准，旨在寻求评估问题严重性的机制（Kabeer，1991）。此类定义更关注贫困的程度，而非贫困的社会结构。造成的结果是穷人是作为一类人出现的，他们各自的身份和导致他们贫穷的原因都被忽略了。换句话说，导致贫困或滋生贫困的社会结构很少受到关注。在这种情况下，绝对贫困是指（人们）没有能力达到最低生活水平（Bernstein，1992）。如果一些人不断地拼搏，勉强维持自己和家人的生计，那他们就是穷人。一些人发现自己无论怎样努力都暂时或永久地无法维持生计，因而陷入物质匮乏，这些人是非常贫穷的人或被称为赤贫者（Illife，1987，第 2 页），他们处于绝对贫困之中。

在上述概念中，贫困实际上是指无法满足过上体面生活的基本需求，即获得充足、适当的营养、住房和衣物。正如汤森（1993）所指出的，贫困的概念基于生存和/或基本需求的理念。理论上来讲，我们可以设想一个适用于任何社会的标准，它有一个固定的水平（即贫困线），在这个标准之下即为贫穷，高于这个标准即为脱贫（Haralambos et al.，1985）。这一标准必然涉及对人的需求的判断，通常是以保持健康和体能所需的基本物质为依据的。这就是伊力夫（Illife）的物质需求，即：最基本的食物、衣服及住所。为此，贫困研究把营养状况作为评判生活状况的一个明确的指标（Kabeer，1991 年，第 246 页）。一些人认为，每个人都有一个预先确定的最低热量摄入量水平，这些卡路里摄入量会因为活动量、妊娠和母乳哺育等因素而改变。营养，就像一般粮食安全作为贫穷的衡量标准一样，也可能受性别和年龄的影响。对此，其他人则持不同看法，他们认为不同人有不同的卡路里摄入量。卡比尔（Kabeer，1991）认为，目前还没有结论性的证据支持这样或那样的立场。

作为贫困的定义，生计这一概念受到了批判，因为它不仅从个人的角度描述贫困，而且是以牺牲社会需要为代价来抬高物质需求的。用汤森（1993）的话来说，人不是简单的需要能量补给的生物有机体。人不仅消费商品，也生产商品。在任何地方，人都要使用设备和设施，这些都是公共用品。有鉴于此，贫困的概念必须涵盖基本的文化需求（Haralambos，1985）。国际劳工组织（ILO）表示，这些要素首先包括一个家庭可供私人消费的某些最低需求，如适当的食物、住房和衣服以及某些家用器具和设备；还包括由社区向整个社区居民提供的基本服务，如安全的饮用水、公共卫生服务、公共交通和保健服务、教育和文化设施等。

"基本需求的概念应放在一个国家整体的经济和社会发展的背景之中。在任何情况下，都不能把它理解为仅是维持生计所必需的最低限度；而应当把它置于国家独立、个人和国民尊严以及他们不受阻碍、自主地决定自己命运的范围之内。"（Townsend，1993，第 32 页）

基本需求显然是生存概念的延伸（Townsend，1993）。即使绝对贫困的概念在考虑基本需要时，它也建立在贫困线的概念上，而贫困线通常是按照可量化的线来界定的。这是一种过于简单化的做法，侧重于购买力而不是被剥夺程度的变化以及贫困状况的分布情况（Kabeer，1991）。被遗漏的是"非市场因素"，如易货交易、优惠券和社区资源等，这些在一个市场尚未成熟的非工业社会中都是很重要的（Kabeer，1991）。

此外，正如哈拉蓝博斯等人（1985）所指出的那样，绝对贫困的概念有一个模糊的假设，即在一个特定社会中，无论人们的职业结构和休闲活动的组成如何，所有人都有最低限度的基本需求，这一假设是完全站不住脚的，即使是对营养的需要，奥汉圭纳的圣·埃科卡或奥纳马塔帝瓦地区的居民可能与温得和克、奥沙卡提或斯瓦科普蒙德的居民有很大的区别。绝对贫困概念的其他问题还包括：在生存所需的最低资源方面没有达成共识；当人们对一些最低需求意见一致时，成本计算又是极其复杂又富有争议的；在第三世界国家，劳工组织列出的最低需求通常超出了这些国家的承受能力（Ramprakash，1991）。

作为一种贫困概念，"相对贫困"概念的产生，是为了克服用绝对贫困来定义贫困时的缺陷。特别是相对于特定时间和地点的标准之想法取代了绝对标准（Haralambos et al.，1985）。考虑到"某一特定社会成员根据现时习俗，对被认为是合理和可接受的生活水平和生活方式的判断"，贫困被认为是相对的（Haralambos et al.，1985，第142页）。因此，相对贫困的概念与"不平等、分配公正和权力关系"有关（Ramprakash，1991，第49页）。相对贫困通常作为收入的一个特定部分来衡量，因此，穷人可能是某个国家收入分配中处于最底层的19%的人，无论该国经济增长如何变化，19%的数字是不变的，即使其中19%的人没有遭受物质匮乏的痛苦，这一比例也将保持不变，这种贫穷的概念是不恰当的。在一个社会快速变革的世界里，基于相对标准的贫困定义应是动态的，需要不断变化才能适应新形势（Haralambos et al.，1985）。此外，假定存在一个适用于全社会范围的标准作为相对贫困概念的基础是很不靠谱的。标准必须根据阶层、种族、宗教和地区差异而有所不同（Haralambos et al.，1985）。总之，相对贫困的概念使用的衡量标准是任意的、主观的（Ramprakash，1991）。

2. 贫困作为一个过程

最早将贫困概念作为一个过程提出来的人包括奥斯卡·刘易斯（1966），他提出了"贫穷文化"概念。他是通过关注如墨西哥和波多黎各这些拉丁美洲国家的贫困家庭而得出这一结论的。他声称发现了穷人的基本相似之处。穷人不仅在物质上被剥夺，而且往往通过听天由命、麻木不仁、离群索居等一系列态度来适应他们的处境。这种态度最终使穷人无法摆脱他们所陷入的贫困循环。在这里，一种贫穷综合征，是穷人对他们在阶级化和个体化社会中边缘处境的一种反应。这是一种尝试应对灰心绝望情绪的努力，这种情绪源于在更广泛的主流社会所设定的价值观和目标之下，穷人成功的机会少之又少（Devitt，1977）。

德维特（Devitt，1977）认为，在许多村庄，是主顾关系导致了贫穷文化。一些村民对资源似乎拥有继承和其他权利，这使得他们在依赖资源的人面前扮演着给予者的角色。给予者提供最少量的物质支持和物资保护以换取影响力和权力。接受者提供劳动力，并放弃他们对财产和影响力的诉求。穷人形成了一种挫败感和依赖心理（Devitt，1977）。因此，穷人没有能力改变阻碍他们提高自身地位的社会体制。他们认为，放债者、土地所有者和其他有影响力的人是至关重要的生命线，他们不会破坏这种主顾关系，他们害怕与外界的接触，因为这是对他们群体内部权势者的背叛。因此，农村穷人默不作声、缩手缩脚、一团散沙，他们无法充分融入他们所居住社区的主要机构中，这导致他们无法充分参与。

虽然"贫穷文化"概念的优点在于它有一个社区或一个社会结构背景，但是针对它也有许多批评的声音。研究表明，没有确凿的证据表明穷人具有某些独特的特点可以将他们与他人区分开来。正如斯拉特雷（Slattery，1985，第284页）所指出的那样，"不仅难以确定贫穷文化明显存在的地区，而且贫穷文化也不一定会代代相传"。许多人还认为，贫穷概念的文化只是把责任归咎于受害者，它还"低估了穷人的团结、能力和乐观精神，对那些摆脱了贫困的人没有给予肯定"（Bloon and Dttong，1987，第258页）。

钱伯斯（Chambers，1994）关于农村综合贫困的概念在某些方面与刘易斯（Lewis，1966）的贫穷文化或德维特（1977）的贫困综合征非常相似。与刘易斯的观点相同，他认为综合贫困的概念假定穷人已经陷入了一个难以摆脱的贫困枷锁或贫困循环中。就这点而言，钱伯斯认为，农村的穷人落入贫困陷阱之中，面临着"贫困综合征和贫困陷阱"的恶性循环（Chambers，1994，第111页）。然而，与此不同的是，钱伯斯认识到社会结构的力量在穷人变得更穷方面起着作用。此外，钱伯斯认为穷人并不一定是麻木不仁、离群索居、听天由命的人，他认为穷人往往是坚韧的、勤奋的、聪明的、灵活变通的人，因为如果穷人想要在"困住他们的环环相扣的劣势，如贫困本身、身体虚弱、孤立无援、脆弱无权中生存下来"，他们就必须具备这些特质。

对钱伯斯而言，匮乏是可以从几个方面来衡量的贫困。按较为正式的定义，匮乏指的是缺乏实现全面美好生活所需的东西，它的维度是物质的、社会的、经济的、政治的和心理的，它包括各种形式的不利条件，例如身体虚弱、孤立、贫穷、脆弱和无权（Chambers，1994，转引自Devereux et al.，1996，第5页）。根据伯恩斯坦（1992）的观点，钱伯斯定义贫困的五个方面分别为：贫困本身（即缺乏足够的收入或资产使个人或群体能够创造收入）；身体虚弱（由于营养不足/营养不良，疾病或残疾导致）；孤立（可能是由于地理位置、物品和服务上的匮乏而造成的愚昧无知和文盲）；脆弱（面对使个人变得更加贫困的紧急情况和突发事件而束手无策）；无权（即对社会、文化、政治和经济领域中的事件无影响力）。

在实践中，这五个维度以不同的方式结合在一起，它们像一张网一样相互交错，把农村穷人的家庭和当地环境束缚在一起。孤立、脆弱和无权三个维度引起了关于社会不平等和权力和财产分配的问题（Bernstein，1992）。对钱伯斯（1994）来说，贫困是一个家庭因资产损失而变得更穷的过程。贫困的棘轮效应（很难扭转的资产或权利损失）可能是由于压力的缓慢积累超过了一个阈值而产生的。它可能会发生在一个可预见却庞大的支出或突发的危机中。"导致贫困棘轮效应的突发事件主要有五种：社会习俗、灾害、身体残疾、非生产性支出以及剥削……它们同时发生或一个接一个发生时，其威力是最大的。"（Chambers，1994，第115页）

钱伯斯对贫困问题分析的优点是，他认为贫困是一个涉及物质和非物质多方面的复杂过程。他的分析让我们不禁要问一个问题：谁是穷人，他们是怎么变成穷人的？然而，对贫困循环的强调给人的印象是永远无法摆脱贫困。因为棘轮固定在一个方向上，所以很难看出处于棘轮中的人是如何把自己从棘轮中拉出来的。归根到底，笼统的贫困概念可能无法给那些即将摆脱（并已经摆脱）贫困环境的人以足够的认可。

森（Sen，1981）和卡比尔（Kabeer，1991）支持的观点是：贫困是能力和权利不足的问题。"贫困的过程是指再生产或使穷人有能力满足自己基本需求的资源在分配中发生变化。"（Kabeer，1991，第 244 页）能力这一概念超出了收入、消费和福利等其他与人类福祉相关的因素。能力指的是可以达到某种功能或某些成就。批评人士指出，森的观点没有说清楚什么是基本能力。尽管森没有给出确切的定义，但基本能力似乎和教育和健康有关。努斯鲍姆（Nussbaum，2006）从生活、身体健康、身体的完整性、感官、想象力、思想和情感的角度对基本能力进行了定义，它们还包括实践理性、联系、对其他物种的考虑、娱乐和对环境的控制。

对森来说，导致贫困的是丧失基本能力（基本能力即一个人享有的过上自己所珍视的那种生活的实质性自由）。森所考虑的能力概念包括：个人动能、经济机会、政治自由、社会福利设施、透明度保障和安全保障。对森来说，收入（或货物）不足以作为衡量贫困的标准，因为：

·收入只是发展能力的一种手段，即收入是达到预期目的的手段。为了达到理想目的，人们必须获得某些自由。

·收入只是发展能力的许多重要手段之一。其他还包括政治自由、社会机会、透明度以及安全保障。

·在能力的概念中也表示收入较高的人可能比其他人更有能力实现更高水平的功能；但这种工具型关系取决于其他因素，如性别和健康状况（Wagle，2004）。

对这种观点持批评态度的人士认为，能力是否可以量化，目前尚无定论。在实践中，从业者如何衡量个人功能呢？韦格尔（Wagle，2004）认为，尽管森的能力概念的优点在于它突出了贫困因素中的个人因素，但它低估了社会秩序和社会关系的作用。

在森看来，贫穷问题不仅是能力缺失，而且是权益不足的问题（de Waal，1990）。权益被正式地定义为"一个社会中一个人可以用自己所面临的全部权利和机会来支配的一系列可选择的商品之和"（Sen，1984，497 页）。因此，它是一个人在自己的位置上通过使用各种合法渠道能够获得的资源（de Waal，1990）。

权益是关于在什么情况下谁应该得到什么的概念（Devereux，1993）。其构成要素包括个人根据其权益可以拥有的全部事物（Sen，1981）。权益可以通过捐赠（例如财产和工资）或通过社会机构

（Kabeer，1991）来获得。因此，权益取决于一个人在社会中的地位（他们的职业或阶级、他们生产什么、他们在哪里生活、他们拥有多少土地或能获得多少土地、他们拥有什么技能，等等），以及使他们对资源的诉求合法化的规则。这些规则可以是由法律规定的，也可以是由道德规定的。贫穷与其说是由某一特定社会资源的短缺造成的，不如说是市场萧条、失业、行政瘫痪等原因使穷人失去了这些资源（Fitzgerald，1991）。

森（1981）确定了四类主要的权益：以贸易为基础的权利（以交易为中心，最终实现所有权）；以生产为基础的权益（围绕拥有自己劳动成果或为自己创造东西的权利）；自主劳动权益（取决于结合前两者的工作）和继承/转让的权利（指的是赠予和遗赠等）（Devereux，1993）。

卡比尔（1991）用这些类型来描述贫穷作为过程的不同维度：

（1）关于以劳动为基础的权益，卡比尔认为除了以非技术劳动为基础的权益外，绝对贫穷相当于没有享受任何其他权益。面对机械化及由此产生的就业竞争，非技术劳动力的价值低，而且还在持续下降。因此，获得有酬工作的权益正在减少。与城市地区相比，农村地区享有的权益就更少了。此外，性别对于以劳动为基础的权利形成概念也很重要，因为它区分了男女出卖劳动力的不同条件，男人有许多出售和处置劳动力的方式，从而带来收入；与此相比，妇女的劳动被限制在家里，即使在有报酬的地方，报酬也很低。年龄也很重要，年轻人因为缺乏经验，他们中很少有人能把劳动转换为收入，他们是最后被雇用的，却是最先被解雇的。

（2）根据卡比尔（1991）的观点，以资本为基础的权益（即财产捐赠）包括所有体现在未来消费的资产。在农村经济中，土地仍然是最重要的资产。它提高了家庭的生产基础，从而也提高了其满足长期消费条件的能力，并提供了满足更迫切需要的可能性（Kabeer，1991，第254页）。在这里，性别和年龄还是基于财产所有权影响权益的重要变量。妇女获得财产主要是通过亲属关系，如婚姻和继承权。卡比尔（1991）认为，问题的出现是由于女性继承的远远少于男性。对寡妇而言，她们对配偶财产的继承权甚至得不到保障，因为财产大多被其男性亲属占有（这种情况出现在许多非洲文化中）。信贷机构更不大可能向妇女贷款，因为她们连可担保的物品都没有。

（3）名义上权益涉及社会赋予机构和亲属关系中所包含的对资源的

主张和权利。妇女和儿童的权利大多是规范定的，而男子的权利则是实质性的。在大多数农村地区，如果想要成功地获得土地、牛、房屋等资源，大多数妇女必须成功地完成从女儿到妻子再到母亲的转变。每一种身份都让她们对男性监护人控制下的财产拥有更多的诉求，当这一连串事情出了差错，女性就会遇到麻烦。例如，如果丈夫去世（女性寡居），妇女可能会突然陷入贫困，特别是如果她没有已经成年的儿子能站出来支持和保护她。离婚在本质上与寡居是相同的。女性不结婚可能使其无法享有某些权利。保护女性免受地位丧失是男子对妇女（妻子）应尽的规定性义务。卡比尔（1991）认为，多年来，由于社会变革，婚姻不再能完全地为女性保障其社会地位。随着经济压力的增加，男性不能百分之百兑现他们应尽的承诺。许多男人离开他们的妻子，放弃了对他们的妻子和孩子的经济责任及其他责任。女性当家的家庭是整个南部非洲农村地区，特别是纳米比亚农村地区最贫穷的家庭，而它们的存在本身就意味着男性履行规定性承诺的削弱。

对这些关于贫困的观点也有一些批评的声音。其中森（1981）和卡比尔（1991）认为贫穷的受害者本质上是被动的（Fitzgerald，1991）。有证据表明，穷人在与贫穷抗争时，他们并不一定是不可控力的受害者。此外，这种试图得到权益的方式可能过于经济化。它集中于通过生产和交换来控制资源，而忘记了移民、疾病和社会动荡等事件如何助长了贫困。例如，安哥拉和莫桑比克旷日持久的全国范围的战争推翻了任何可能存在的权益制度，这种社会中道德的崩溃侵蚀了权益。这种做法聚焦于应享权益，而不是那些要求尊重权益和诉求的人所要尽的相应义务（Fitzgerald，1991）。重视应享权益就是对资源掌握的重视，但是穷人可能很愿意用资源来换取家庭尊严、安全和自尊。但一些拥有这些"无形资产"的人可能认为自己并不是那么穷。

《相对贫困》中的观点与汤森的理论（1979，1993）一致。汤森提出，如果存在贫困，就必然会有一种贫穷的社会结构，人口中的部分或群体经历了更高的贫困风险，一些人被认为比其他人更加贫困（Townsend，1993，第32页）。社会学家认识到贫穷的科学概念与社会或制度结构之间存在相互依存关系（Townsend，1993，第33页）。贫穷是根据社会和体制结构随时间而定的，而不是简单地以相对较低的可支配收入来定义（Townsend，1993，第35页）。

汤森认为，在所有社会中，一方面，资源的生产、分配和再分配之间存在着至关重要的关系，另一方面，是为另一种生活方式寻求赞助。一个人管理着资源，这些资源便由个人和家庭控制，另一个人则支配着附属于社会成员的普通条件和期望，被剥夺或缺乏这些条件和期望就意味着贫困。这两者不断相互作用，并在特定时刻解释贫穷的程度和范围（Townsend，1993，第121页）。因此，汤森认为，贫困是相对被剥夺的问题，它不仅适用于资源分配不公的受害者，而且也适用于那些拥有资源但这些资源并不能满足他们所在社区要求和习俗的人。为此，如果个人和家庭根本得不到或者不能充分得到日常生活条件，即饮食、便利设施和服务等而使他们不能在其社区的关系和习俗中扮演重要和/或不可或缺的角色，那么这些个人和家庭就属于被剥夺的。他们处于贫穷之中，因为他们缺乏或得不到这些生活条件，而这些条件是他们履行其社区成员义务和期望所必需的（Townsend，1993，第36页）。

汤森认为，当个人、家庭和群体缺乏资源来获取饮食、参与活动、拥有在他们所属社会常有的或至少得到广泛鼓励和认可的生活条件以及便利设施时，他们就处于贫困之中。他们的资源远远低于一般个人或家庭所达到的水平，因此实际上被排除在普通生活方式、习俗和活动之外（引自Bernstein，1992，第17页）。简而言之，汤森认为，贫困是个人和家庭缺乏"维持在他们所属社会常有的或至少得到广泛鼓励和认可的生活条件和便利设施所需的资源"（Giddens，1990，第237页）。

根据汤森的研究，在第三世界农村，土地所有制规则的改变以及由于商业化农业的发展所造成的人口迁移，可能导致个人和家庭不仅迁移到边缘化的土地上，而且失去家园。这些人可能会发现他们并没有多少资源（通过收入和食物），没有办法获得贷款和其他方法来弥补差额。他们不仅会经历饥饿和寒冷，而且家庭蒙羞、他人排斥和居无定所的生活将成为他们的命运。

对汤森的批评之一是他对贫穷的定义过于宽泛（Giddens，1990）。这一概念可能把缺乏生存手段的人（即所谓的绝对贫困者）和那些在与物质匮乏抗争中实际上没有失败危险的人归为一类。另一个批评是，虽然"衡量获得日常饮食所必需的资源"很容易，但要衡量"参与日常生活、习俗和活动的能力"是很困难的，甚至是不可能的，因为参与日常生活所必需的东西是主观的（Bernstein，1992，第17页）。如果进行不同国家之间的比较，这个问题就会更加复杂。

社会排斥

能力和权利概念与社会排斥的概念有关。

> 无论是从收入或是从满足基本需要与否的角度出发，社会排斥都超越了物质匮乏的狭义概念。社会排斥与物质或金钱资源的分配关系不大，更多地涉及与贫穷有关的其他形式的社会劣势群体或成员。（Silver，2007，15 页）

社会排斥概念旨在捕捉贫困的结构性特征。它的根源在于没有充分参与社会事务，这是由于缺乏能力和权利，而不仅仅是物质财富。社会排斥的定义是"个人或团体被完全或部分地排除在社会之外的过程"（De Haan，1998，第 2 页）。西尔弗（Silver，2007，第 15 页）指出，社会排斥是一个渐进的社会分裂的多维度过程，它使群体和个人与社会关系和制度分离，阻止他们充分参与他们所生活的社会中正常的、名义上规定的活动。这是一个规定性的概念，表明了一种不可接受的事态（Alcock，1997）。

西尔弗认为，社会排斥有团结、专业化和垄断三种典型范例，每个范例都基于对融合和公民身份概念的不同理解。团结是指社会关系（而不是政治或市场关系）。它是将个人、社会和主流文化联系在一起的"社会纽带"。从团结的角度来看，排斥就是打破这种社会关系或纽带。当使个人融入社会的体制失败时，就会产生排斥。"无论社会成员的内容和标准如何，被社会排斥的群体和个人都缺乏能力或缺少社交的机会。"（Silver，2007，第 15 页）

专业化反映了自由个体主义。社会由具有不同兴趣和不同能力的人组成。他们在经济和社会领域围绕劳动分工和交换建立社会结构。社会秩序就像是自愿交换的网络，而公民身份是以反映权利和义务交换的契约为基础的。社会排斥是由政府的歧视或不当行为而阻碍个人和群体自由参与这些交流造成的结果，这也是个人行为的问题。

垄断指的是由于特定群体的控制而产生的社会排斥。这些做法、惯例和条约对于享有特权的群体获取资源有利，也决定了哪些人被排除在外。

因此，被排斥者是社会建构的，涉及不同的群体，它们相互竞争以使各自成员的利益最大化。从这个角度看，社会排斥是一个权利问题。尽管纳米比亚的许多农村群体被排除在主流事务之外，但对一些农村群体来说，例如桑族、奥瓦图阿族和辛巴族人，社会排斥是造成贫困的一个具体原因。因此，社会排斥的结构（包括歧视、羞辱和忽视）是这些群体在纳米比亚社会融入受限的基础（导致的结果是低且仍不断减少的资产、低薪、工作无保障、获得社会保护的机会少、对资助人的依赖等），他们因此而贫穷。

发展中国家对社会排斥的提法持批评态度的人士指出，大多数群体可能在上述情况下被排除在外，对这些国家而言被剥夺可能是一种"常态"。尽管如此，采用社会排斥方法研究贫穷的优点在于：

（1）动态性：它强调导致贫困的过程。

（2）关联性：它强调排斥属于群体而不是个人。同时，它既指向排斥者，也指向被排斥者，因此从这一点讲，它也具有关联性。

（3）关注分配问题：它联系要求重新分配机会和成果的规范考虑被剥夺者的处境。

理论化对纳米比亚农村的贫困又意味着什么呢？

纳米比亚的农村贫困

纳米比亚研究将贫穷概念化为一种事态。大多数人谈论的是绝对（极端）贫穷和相对贫穷。

早期关于纳米比亚贫困问题的研究

根据蒂库祖等人（Tjikuzu et al.，1996）的研究，纳米比亚使用了两种贫困的定义。第一个是以食物消费率来衡量，该比率被描述为国际上最有力的贫穷认证指标之一（联合国世界儿童基金会，UNICEF，1995）。这一贫困指标提供了衡量绝对贫困的标准（Tjikuzu et al.，1996）。因此，如果在某一家庭中食品消费占总消费比例的60%，该家庭则被认为是贫困家庭；当这个比例约为80%，该家庭被认为是极度贫困的。有必要指出的是，在许多国家，食物比率贫困线一直被批评为过时的，它无法反映最近时代的经济趋势（Davies，2006）。批评人士指出，食品比率贫困线并不能反映出全球化和经济困难导致一些国家的医疗和交通成本的激增，在许多国家，这些已经成为与食物一样基本的东西。人们将食物比率贫困线当作贫困指标也没有考虑这样一个事实，即最低工资保持不变，而住房成本一直在上升。有些人还认为，食品价格并不以与其他花费一样的方式受到通货膨胀的影响（Davies，2006）。

尽管如此，纳米比亚政府的家庭收入和支出调查（HIES）使用了食物比率贫困线来描述该国的贫困程度。

纳米比亚贫困的第二个衡量标准是博茨瓦纳的贫穷基准线（Tjikuzu et al.，1996）。这一贫穷基准线的定义是维持最低生活水平所必需的食物、衣服、个人物品、家庭用品、住房、其他物品和服务的总和。一个家庭消费总额低于这一基准线的被归类为贫困家庭（蒂库祖等人，1996，第14页）。20世纪90年代，纳米比亚大学多学科研究中心（MRC）的社会科学部门在调查该国的贫困问题时使用了这一定义。这两项MRC相关研究是由范·鲁（Van Rooy，1994）和亚伦等人（1992）进行的。据范·鲁伊等人的研究估计，20世纪90年代农村地区的贫困线（PDL）为每个成年人每月116 = 63纳米比亚元。[1]

20世纪90年代纳米比亚的贫困状况又如何呢？根据食品消费比率方法来定义，纳米比亚50%的农村人口处于贫困状态，其中12%极度贫困。事实证明，北方地区59%的农村人口处于贫困状态，而生活在南部和中部地区的农村人口当中，有75%是穷人。而如果使用贫困基准线来定义，90年代农村地区76%的纳米比亚人生活在贫困之中。北方80%的农村人口是穷人，而南方和中部地区则有62%是穷人。正如蒂库祖等人（1996）所指出的，这两个定义提供了不同的数据。这带来了一个问题，因为我们确实无法了解这个国家的贫困状况。但是从积极的一面来

---

① 译者注：原文为 N $116 = 63 per month。

看，这些定义都表明了纳米比亚贫困分布类似的情形。从这一情况来看，贫困更多的是农村地区的特征，而不是城市地区的特征。但这些数据最大的问题是无法确定谁是真正的穷人、他们是如何变穷的，以及如何帮助他们（或他们如何帮助自己）摆脱贫困。

但是，1993年4月的家庭收入和支出调查数据表明了广大贫困群体的特征。由此，农场工人被确定为贫困群体，其平均食物消费比率为52.8%。在纳米比亚，55%的农业工人家庭的粮食消费率达到或超过60%（中央统计局，CSO，1995）。据说这一比例比整个纳米比亚农村地区高得多，这个数据表明农场工人及其家庭是该国最弱势、最贫困的群体（UNICEF，1995）。纳米比亚农场工人的人均消费为1377纳元，这个数字接近农村地区的平均水平（1246纳元），他们的人均收入是1741纳元，远低于全国平均3073纳元的水平，城镇居民的平均收入为6670纳元（COS，1995），这些指标都证实了农业工人处于贫困状态。

根据1993年4月家庭收入和支出调查数据确定的第二类贫困群体是女户主家庭。根据食品消费标准衡量，53%的女户主家庭处于贫困或是非常贫困的状况，而这个比率在男性当家的家庭中为43%。由亚伦等人（1994）进行的研究报告说，奥卡万戈农村地区女户主家庭中78%的家庭不是贫穷就是非常贫穷。这项研究将赤贫者界定为那些遭受粮食无保障和无法满足其基本粮食需要的人。同样出现的问题是，并非所有的女户主家庭都是一样的，根据亚伦等人（1994）提供的数据，很难确定哪些女户主家庭是贫穷的。

纳米比亚农村贫困问题后期研究

如表4-1所示，后续的贫困研究包括2003到2004年度纳米比亚家庭收入和支出调查。值得注意的是，此表显示了纳米比亚全国的贫困率状况。因此，虽然1993到1994年度纳米比亚家庭收入和支出调查数据显示，纳米比亚全国有37.8%的人遭受贫困，但2003年4月的数据显示只有27.4%的纳米比亚人处于贫困中。城市中心的脱贫率高于农村地区。农村地区42%的家庭仍然是最贫穷的纳米比亚人。纳米比亚家庭收入和支出调查表明，1993 年有 8.7% 的家庭处于极端贫困状态，但在 2003 年仅剩 3.9%。同样，在农村地区，有 6.1% 的家庭处于极端贫困状态。在表 4-1 中还值得注意的是，最贫穷的地区都是农村地区。按排名顺序，他们包括奥卡万戈、奥希科托、奥穆萨蒂、卡普里维和奥马海凯。我们不清楚为何奥汉圭纳和奥乔宗朱帕的贫困状况有了显著改善；同样不清楚为什么奥穆萨蒂和奥希科托的贫困不断加剧。

表 4-1　　　　　　　按地区、城乡背景划分的贫困家庭状况　　　　　　单位:%

地区	贫困家庭（包含极度贫困）		极度贫困家庭		农村贫困家庭	城市贫困家庭
	1993 年 4 月	2003 年 4 月	1993 年 4 月	2003 年 4 月	2003 年 4 月	2003 年 4 月
卡普里维	47.1	43.5	7.0	7.1	54.8	14.1
埃龙戈	26.8	5.7	7.1	0.4	14.4	4.0
哈达普	30.8	27.6	4.7	4.9	39.2	9.5
卡拉斯	32.2	18.5	4.1	3.1	30.0	7.7
卡万戈	70.6	50.4	19.6	8.0	58.5	18.4
霍马斯	8.7	3.6	1.1	0.6	16.9	2.5
库内内	40.6	36.9	11.3	11.2	48.1	13.8
奥汉圭纳	42.3	22.7	9.9	0.2	23.0	4.7
奥马海凯	54.1	40.4	25.1	12.4	47.4	18.3
奥穆萨蒂	40.1	46.7	9.0	1.8	47.3	12.1
奥沙纳	41.2	31.3	5.5	6.0	44.9	11.8
奥希科托	37.8	47.0	9.0	6.1	52.7	8.8
奥乔宗朱帕	41.2	18.7	10.8	3.4	29.4	6.6
纳米比亚	37.8	27.4	8.7	3.9	27.4	3.9
农村	48.7	42.1	11.8	6.1	42.1	6.1
城市	16.6	6.6	2.6	0.6	6.6	0.6

数据来源：1993 年 4 月及 2003 年 4 月纳米比亚家庭收入和支出调查。

同样，2003 到 1994 年度的纳米比亚家庭收入和支出调查数据也没有具体确定究竟哪些人属于贫困人口，因此，该调查数据对于回答穷人如何成为穷人以及如何帮助他们（或让他们自己）摆脱贫困的问题没有多大帮助。然而，当我们根据户主的性别和相关因素（表4-2）来考虑贫困时，我们可以推断，女户主家庭的情况略差于男户主家庭的情况。大多数穷人依赖自给农业，这是农村地区的一个特征，他们中48.6%是穷人，6.3%是赤贫者。在没有受过正规教育、只受过初等教育的户主家庭中，贫困率似乎很高。种种迹象表明，农场工人仍然是纳米比亚农村地区最贫穷的群体之一。

在许多国家，纳米比亚家庭收入和支出调查中使用的食物消费占比贫困线被批评是已经过时的，无法说明最近时代的经济趋势。在纳米比亚，人们认为粮食消费不能反映该国贫困的真实情况，原因如下：

·即使是最贫穷的人也在消费一些非食物类商品和服务。例如住房、公共医疗卫生服务、教育、烹饪和照明用燃料，等等，但这在该方法中没有考虑到。

·没有说明所消费的食物是否符合身体最低效能所需的营养要求。

·不能显示贫穷的深度和严重程度。

·用这种方法无法从时间和空间上对贫困状况进行比较。

因此，纳米尼比亚遵循南部非洲（和南共体）的普遍做法，放弃食物消费占比贫困线，转而采用基本需求成本（CBN）方法。纳米比亚认为，基本需求成本法正在成为整个南共体和其他发展中国家统计机构的标准做法，纳米比亚不能一直落后。

为了确定贫困家庭，基本需求成本法首先是确定健康、活跃生活所必需的物品（食物和非食物）和服务，这些物品能确保个人充分参与社会。其次，它估算出这样一个篮子的成本（货币价值），将这个值作为贫困线。最后，将贫穷家庭定义为处于贫困线以下的家庭。

这种确定贫困的方法也存在几个问题。它是定义一个通常具有许多维度过程的一维方法。这样一来，收入被用来代表家庭资源，用于获得基本的需要。这种办法没有考虑到一个事实，即某些商品和服务（例如公共服务）视居住地点而定，可能是免费的；在农村地区，收入波动很大（根据季节而定）。这种衡量贫困的标准可能只包括短期贫困。此外，利用收入数据来确定贫困也是有问题的，非现金收入被完全忽略了。对许多农村居民来说，工作补偿可能是非现金的，就像在奥卡万戈地区的恩贾比一样。

表4-2   根据户主的性别及其他相关因素划分贫困情况

(2003—2004 年)   单位:%

家庭特征	贫困	极度贫困
一家之主的性别		
纳米比亚		
女性	30.1	3.7
男性	26.4	4.1
城市		
女性	7.8	1.0
男性	6.0	0.4
农村		
女性	43.5	5.3
男性	41.5	6.8
家庭组成		
家庭中只有一人或有一配偶	20.7	3.2
有一子女,无其他家庭成员/非亲属成员	22.8	3.6
有两个及以上子女,无其他家庭成员	31.6	5.6
有其他家庭成员	31.6	3.8
有非亲属成员	18.3	2.7
情况		
没有孤儿的家庭	24.7	3.8
有孤儿的家庭	38.0	4.2
一家之主的学历		
未接受过教育	46.5	38.0
小学	28.4	25.2
初中	8.9	8.3
高中	0.6	0.4
家庭主要收入来源		
薪酬/工资	12.1	1.8
自给农业	48.6	6.3
商业性耕作	3.9	3.2

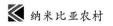 纳米比亚农村

家庭特征	贫困	极度贫困
营业收入	24.1	3.1
退休金	36.9	3.8
汇款/赠款	24.4	3.2
旱灾时的实物收入	57.8	18.0
其他	36.1	4.4

资料来源：2003 到 2004 年度纳米比亚家庭收入和支出调查。

公平地说，纳米比亚中央统计局使用的数据是消费支出，而不是收入。这是因为：

随着时间的推移，家庭收入可能非常不规律，而支出往往更加稳定。此外，某些群体的收入可能被少报，而消费支出能够更好地反映出非正规活动和自产在总消费中所占比例，这些活动特别是在发展中国家，对家庭经济状况起着十分重要的作用，当然在纳米比亚也是如此（基本需求成本，CBS，2008，第 2 页）。

基本需求成本法认为，根据食物消费占比贫困线，成人每天至少摄入 2100 千卡的营养。这一篮食物估计费用是每月人均 127.15 纳元。然后在此基础上加上非食品支出，以确定贫困线下限和上限，下限描述极度贫穷的家庭，上限描述一般贫困家庭。"极度贫困"家庭是指每月支出低于 184.56 纳元的家庭，而一般贫困家庭是指每月支出等于或低于 262.45 纳元的家庭（表 4-3）。这对一个六口之家来说意味着什么呢？这意味着，如果这类家庭的家庭收入是 13288 纳元，他们就属于极度贫困，但如果他们的收入是 18896 纳元，那么他们就是属于一般贫困，在纳米比亚，任何收入超过这个数目的六口家庭都不属于贫困。

表 4-3　　　　国家贫困线的年度值（每人每月的纳币数额）　　　单位：纳元

贫困线	2003—2004
粮食贫困线	127.15
极度贫困线	184.56
一般贫困线	262.45

资料来源：基本需求成本，2008，第 3 页。

事实上，在纳米比亚，采用食物消费占比贫困线与基本需求成本的方法统计出的贫困分布没有多大差别。根据基本需求成本法，27.6%的纳米比亚人属于贫困之中，13.8%的纳米比亚人属于极度贫困，而根据食物比率指数，27.8%的纳米比亚人属于贫困，3.9%的纳米比亚人属于极度贫困（表4-4）。根据基本需求成本法，38.2%的纳米比亚农村人口属于贫困（而纳米比亚城市贫穷人口只有12%），城市和农村极度贫困比例分别为6.0%和19.1%。

表4-4　　基本需求成本法和食物消费占比贫困线下的贫困状况比较　　单位:%

贫困等级	需求成本法	食品比率
一般贫困	27.6	27.8
极度贫困	13.8	3.9

表4-5　　　　　　　　　基本需求成本下的贫困家庭分布　　　　单位:%

地区	贫困家庭（包含极度贫困家庭）	
	一般贫困	极度贫困
卡普里维	28.6	12.5
埃龙戈	10.3	4.8
哈达普	32.1	21.9
卡拉斯	21.9	12.5
卡万戈	56.5	36.7
霍马斯	6.3	2.4
库内内	23.0	13.1
奥汉圭纳	44.7	19.3
奥马海凯	30.1	17.5
奥穆萨蒂	31.0	12.8
奥沙纳	19.6	7.8
奥希科托	40.8	16.6
奥乔宗朱帕	27.8	15.8
纳米比亚	27.6	13.8
农村	38.2	19.1
城市	12.0	6.0

贫困发生率最高的是卡万戈省（56.5%的人贫困和36.7%的人极度贫困）和奥汉圭纳（44.7%的人贫困和19.3%的人极度贫困）的农村地区（表4-5）。根据基本需求成本（2008）方法产生的数据：

"农村地区的家庭有1.97的发生比，这意味着与城市家庭相比，他们贫困的可能性要高出97%（几乎是城市家庭的两倍），而所有其他因素都保持不变。"

其他导致家庭贫困的因素包括是否接受过正规教育。因此，根据中央统计局的说法：

当控制所有其他因素，与户主受过中等教育的家庭相比，没有受过正规教育的家庭被归类为贫困家庭的可能性是户主受过教育家庭的四倍以上。户主最高教育程度是初等教育的家庭也更有可能贫困。（CBS，2008，第31页）

贫困的其他重要因素是抚养比率（即16岁以下儿童和老年人）和户主的性别。

如果家里有一个16岁以下的孩子，与没有孩子的家庭相比，贫困的可能性要高出1.77倍（即77%）。养老金作为主要收入来源的家庭比有其他主要收入来源的家庭的贫困可能性高出1.74倍。女性户主家庭发生贫困的可能性是男性户主家庭的1.1倍（CBS，2008，第32页）。

此外，纳米比亚的自给农业也与贫困相关，"在以自给农业为主要收入来源的家庭中，40.3%是贫困家庭，17.6%是极度贫困家庭，这些家庭也占所有贫困家庭的42.3%"（CBS，2008，第15页）。没有受过正规教育、只有初等教育的户主家庭贫困发生率也很高。

这些主要是与纳米比亚农村地区相关的因素，从这个意义上说，基本需求成本法和食物消费占比贫困线在确定穷人的身份方面没有什么区别。

沃纳和奥登达尔（Werner and Odendaal，2010）认为，"政府已经认识到统计信息只能提供贫困的静态快照，很少表明人们是如何看待贫穷的。因此，在2004—2006年，政府在全国所有13个地区发起了一项参与性贫困评估方案"。该方案通过衡量穷人自己的观点，并通过确定穷人自己如何理解贫穷和如何应对贫穷，使人们能够更深入地了解贫困问题。

表4-6中没有说明的是，纳米比亚的一些群体可能由于社会排斥和缺乏权利而陷入贫困。这些群体包括农村地区的少数族裔，如桑人、希姆巴人和奥瓦图阿人。

表4-6 **参与式贫穷评估中的主要贫穷原因**

地区	导致贫困的主要原因
卡普里维	失业、部落主义、粮食无保障、艾滋病毒/艾滋病、其他疾病、水灾、缺乏资金、医疗和教育落后
埃龙戈	失业、教育、卫生和保健等服务质量差，缺水，服务提供者的不良态度
霍马斯	失业、没有政治领导人代表、艾滋病毒/艾滋病、工资低、精神上和身体上遭受虐待、犯罪和暴力、缺乏适当的教育、住房和卫生等条件差、酗酒、没有牲畜、无粮食保障
奥马海凯	失业、缺乏教育和缺少技能，缺少可工作者、地理位置偏远、路况恶劣、发声机会
哈达普	失业、偏远、土地使用权无保障、人满为患、教育条件差、普遍懒惰、犯罪和盗窃、饥饿、压力、自然灾难
卡拉斯	失业、少女早孕、酗酒、裙带关系、普遍懒惰、盗窃、无能的领导人、艾滋病毒/艾滋病、缺水、离婚和住房不足
奥穆萨蒂	失业、偏远、卫生和供水等条件差、医疗卫生服务少、犯罪和暴力、艾滋病毒/艾滋病
奥沙纳	失业、卫生服务遥远、水源遥远、电力等供应条件差、教育差、土地少，土壤贫瘠、警察服务差、酗酒、卫生服务差、艾滋病毒/艾滋病、饥饿、懒惰
奥希科托	失业、没有牲畜、收入低、缺乏资金、缺乏饮用水及动物饮水、道路基础设施差、无私人土地、教育落后、卫生和供水等条件差
库内内	失业、没有牲畜、干旱、酗酒、教育落后、无力负担诸如用水和卫生等服务、裙带关系、不良耕作技术和农业资源差、缺乏计划生育、难以获得和改善政府服务
卡万戈	失业、缺少基础设施特别是支路、缺少劳动力、艾滋病毒/艾滋病、卫生和供水条件差、残疾、季节性害虫、野生动物、政府的忽视

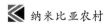

续表

地区	导致贫困的主要原因
奥汉圭纳	失业、无法获得像供水供电力这样的基本市政服务、艾滋病毒/艾滋病、结核病、缺水、偏远、获得基本服务的机会有限、土地贫瘠、粮食短缺和饥饿
奥乔宗朱帕	失业、缺乏安全饮用水、教育质量差、艾滋病毒/艾滋病

资料来源：参与式贫困评估报告。

新出现的问题

1. 贫困是分析农村地区的主要概念之一，不仅适用于南部非洲，同时也适用于其他第三世界国家。

2. 一般来说，关于贫困现象有许多错误的观点，一是穷人处于这种状态是因为主观因素（如懒惰、宿命论和想象力的缺乏）。另一个原因是城市比农村地区更贫穷。

3. 贫穷和不平等是相互联系的，但在分析上是独立的概念、理论上，不平等可能存在于人们不一定被剥夺了物质生活必需品的地方。但是没有不平等就不会有贫穷。

4. 贫困的定义很重要，因为贫困的程度取决于所使用的定义。"贫困是一种状态"的概念包括贫困的相对和绝对定义。这里主要关注的是问题的大小，而不是问题是如何发生的。"贫困是一个过程"涉及一个产生和复制贫穷的社会结构。诸如贫困文化、农村综合贫困、应享权利和相对贫困等观点都把贫困视为一个过程。所有这些概念都使用不同的贫困定义，这些定义具有各种不同的优缺点。

5. 关于贫困问题的研究，特别是在纳米比亚进行的研究表明，贫困在农村比城市地区更为普遍。一些人指出了受农村贫困影响最严重的社会群体。一般来说，他们包括边远地区的人、少数民族、老年人、农业和半农业工人以及女性户主家庭。但是，由于时间和空间的情况不同，并非所有这些群体都受到同等影响。尽管如此，由于社会排斥和缺乏权利，希姆巴和奥瓦图阿的农村地区遭受的贫困最为严重。大多数关于农村贫困的研究都集中在收入和消费上。

6. 对贫困问题进行的研究，特别是在纳米比亚，其主要缺点是忽视

"无形的方面"（例如侮辱、自尊和排斥），这些方面向人们暗示他们没有能力以普通的模式去生活。在许多南部非洲国家，农村贫困的研究尚未进行。从某种意义上说，这是因为当局并不想认真解决贫困问题。

参考文献

Bernstein, H.; 1992: "Poverty and the Poor" in Bernstein, H.; B. Crow and H. Johnson (eds.), *Rural Livelihoods*, Oxford University Press, Oxford.

CBS; 2008: *A Review of Poverty and Inequality in Namibia*, CBS Windhoek.

Chambers, R.; 1994: *Rural Development*, Longmans New York.

Davies, A.; 2006: *Food-ratio Poverty Line Encyclopedia of World Poverty*, Sage publications.

Devereux, S.; 1993: *Theories of Famine*, Harvester Wheatsheaf, London.

Devereux, S.; B. Fuller; R. Moorsom; C. Solomon and C. Tapscott; 1996: *Namibia Poverty Profile*, Social Sciences Division, MRC, University of Namibia.

Devitt, P.; 1977: "Notes on Poverty Oriented Rural Development", *Extension Planning and the Poor*, ODl London.

De Waal, A.; 1990: "A Reassessment of Entitlement Theory in the Light of Recent Famines in Africa", *Development and Change*, Vol. 21, No. 3, pp. 469 – 490.

Egner, E. and A. Klausen; 1979: *Poverty in Botswana*, Working Paper No. 29, National Institute of Research University of Namibia.

Fako, T. and L. Molamu; 1995: "The Seven Year Drought, Household Food Security and Vulnerable Groups in Botswana", *Pula*, Vol. 9, pp. 48 – 70.

Fitzgerald, E.; 1991: "Economic Reform and Citizen Entitlements in Eastern Europe", UNRISD Discussion Paper No. 27.

Giddens, A.; 1990: *Sociology*, Polity Press London.

Haralambos, M. and M. Holborn; 1985: Sociology: "Themes and Perspectives", Haralambos, M., Hirschowitz, R. and M. Orkin; 1996: "Monitoring Conditions and Poverty in South Africa", Paper presented at the Workshop on Monitoring Living Conditions and Poverty. Windhoek 1 – 4 July.

Illife, J. ; 1987: *The African Poor-A History*, Cambridge University Press.

Kabeer, N. ; 1991: "Gender Dimensions of Rural Poverty: Analysis from Bangladesh", *Journal of Peasant Studies*, Vol. 18, No. 2.

Lewis, O. ; 1966: "The Culture of Poverty", *Scientific American*, Vol. 214, pp. 19 – 25.

McPherson, S. and J. Midgley; 1987: *Comparative Social Policy and the Third World*, St Martin's Press New York.

Ramprakash, D. ; 1991: "Crushing Rural Poverty", *Food Production and Rural Development Division*, Commonwealth Secretariat.

Sen, A. ; 1981: *Poverty and Famines: An Essay on Entitlement and Deprivation*, Clarendon Press Oxford.

Silver, H. ; 2007: "Comparative Analysis of Europe and Middle East Youth", Wolfensohn Center for Development, Dubai School of Government.

Silver, H. ; 1994: "Social Exclusion and Social Solidarity: Three Paradigms", *International Labour Review*, 133.

Slattery, M. ; 1985: "Urbanization" in Haralambos, M. (ed.), *Sociology: New Directions*, Causeway Books London.

Tjikuzu, V. , S. Wahlstrom, A. Weerasinghe and J. de Wet; 1996: "Statistics on Living Conditions in Namibia", Paper presented at the Workshop on Statistics on Living Conditions and Poverty, Windhoek.

Townsend, P. ; 1993: *International Analysis of Poverty*, Harvester London.

Townsend, P. ; 1979: *Poverty in The United Kingdom: A Survey of Household Resources and Living Standards*, Penguin Books, London.

Van Rooy, G. : "Household Subsistence Levels in Three Communities in Namibia", *Social Sciences Division*, University of Namibia Windhoek.

UNICEF; 1995: *Children in Namibia*, UNICEF-Namibia Windhoek.

Werner, W. and W. Odendaal; 2010: *Livelihoods after Land Reform*, LAC Windhoek.

第五章

农村向城市移民

　　移民，从最简单的意义上说，是指进出人口或人口在地区间的流动。然而，并不是所有这种运动都能称为移民，这一词语只用来指人们生活中的某些动作。从地理因素考虑，配偶在邻近村庄与亲人团聚，不算移民；人从一个屋子转移到另一个屋子，也不视为移民。一个人要想成为移民，必须在"社会领域结构上彼此不同的区域之间移动"（Van Binsbergen，1978，第10页）。时间因素是迁移是否发生的另一个重要考虑，村民在城里探亲一个月以上，不被视为流动人口。因此，移民是指"在相当长的时间和相当长的距离内，人口在地理上的流动"（Van Binsbergen，1978，第10页）。

　　在文献中，移民通常与人口流动区别开来。人口流动包括"各种运动，通常是短期的、重复的或循环的。但二者的共同特点是缺乏一种永久或长期改变居住地方的意向"（Zelinsky，1971，第255—256页）。这些行动可能会使人们离开村庄，与其亲属分离，但是这种流动是暂时的，目的通常是为了短期就业，或采取其他旨在应付个人或家庭经济波动的机制（Brown，1991，第132页）。移民有几种形式：当人口离开一个地理区域到另一个地理区域时，使用"出境移民"这个术语；当人口迁移到另一个地区时，使用"外来移民"这个词；"境内移民"是指一个国家境内的人口流动。农村向城市的移民可归为国内移民。城镇也许会因此变得过于拥挤，有些人称之为过度城市化，随着就业和其他机会的减少，人们可能开始从城市迁移到农村地区，这也是内部迁移的一个例子。"移民流"由一群有着共同来源地和目的地的人组成。迁移从一个地区向另一个区域移动，但要经过一系列的步骤，它被称为"步骤迁移"。在这种情况下，初始"移民流"后跟着一个次要群体（可能是受抚养人），也可能是另一个亲属群体，这种情况称为"链迁移"。"国际移民"是指人们在国界之间流动。历史上南非地区一直是国际移民相当密集的地区，因为矿产和农业，人们迁移到采矿区和农业地区，而近期人们迁移则是为了逃避不好的政治和经济制度。

社会学家和人口统计学家也谈到了"移民率"，指的是与当地总人口相比迁出的人口数。"净移民率"是指某一地区每 1000 人中迁入人数与迁出人数之差。尽管有上述定义，但必须要指出，移民（或更准确地说，内部移民）不是一个容易测定的变量。在许多南部非洲国家，政治独立意味着很多权利的恢复，其中包括在国家边界内自由行动的权利。因此，政府没有要求人们去哪里活动必须向当局报告，所以在该区域各国内部移徙的记录很少，即使存在这种情况，由于该区域内的统计数字并不可靠，这种统计也徒劳无功。还有一个问题是如何对从一个地方迁移到另一个地方一小段时间的人进行分类。一个明显的例子就是学生。由于一个地区的高等教育大多在城市地区，寻求高等教育的学生不得不迁移到城市地区。毕业后，这些人可能会返回其原籍地区，他们应被视为移民吗？

为什么要关注移民问题？虽然还存在争议，但迁移性就像生育率和死亡率一样是可以改变农村人口规模的因素之一。至少在短期内，它可能对原籍地区和目的地地区的发展产生影响。有人担心，人口迁移会使城市人满为患，进而滋生棚户区和非正式住房等其他相关问题。也有人抱怨从农村向城市地区的移民正在削弱农村地区，因为迁出的这部分人本可以对农村地区贡献最大。至少，移民与发展是相关的。

移民与发展

移民与发展研究人员认为，有几个变量与移民相关，这些变化影响到农村（原籍地）和城市（目的地）地区的发展。更具体地说，有人认为，移民会改变移民的个体，改变他们迁出和迁入的地方。然而，这种情况如何发生取决于迁移者的特征，包括他们的受教育程度、性别、年龄和掌握技能的状况。

移民相关因素

哪些人会迁移？有人认为，凡是有迁移发生的地方，都是具有某些共同特征的人自主选择。研究人员认为，有几个变量与非洲的迁移经历有关，其中包括社会经济地位（特别是教育和收入水平）、性别和年龄。

1. 在社会经济地位变量中，教育和收入是显著的。非洲的城市地区（特别是主要城市）在经济、政治和文化活动以及基本服务和基础设施方面最受青睐（Aina，1995），就业服务也集中在城市地区。在大多数非洲国家，教育面向就业（而不是面向自营职业），因此，农村地区受教育程度相对较高的人倾向于在城市地区就业。农村居住区几乎没有提供就业的可能。正如诺曼（Narman，1985，第167页）所说："离校生陷入了一种矛盾当中，他们接受的教育使他们脱离了农村环境，到城市去寻找更广阔的天地既是为了找工作，也是为了应对家庭的压力。"全球各地的研究均表明，教育与迁移之间存在相关性。奥格登（Ogden，1987）曾报道称，在秘鲁首都利马，90%以上的学龄儿童中移民受教育程度高于非移民。在危地马拉城，七岁以上的移民中只有31%没有接受正规学校教育，而该省非移民人口中这一比例为74%。同样，布朗（Brown，1991）发现在委内瑞拉城市地区，移民的教育程度比非移民者多1.3年，而农村地区这一差别为2.3年。

2. 在很多地方，年龄是迁移的另一个重要因素，移民更多是年轻人。部分原因是，年轻人不恋家，他们更有可能接受教育，甚至更具有冒险精神。毕竟，在许多文化中，在进入主流生活之前，青少年时期是有梦想的时期，是尽情享受社会心理延迟的时期。

3. 性别是与迁移相关的另一个变量。研究表明，在拉丁美洲，更可能迁移的人往往年纪较轻、受过更多教育、更多为女性（Brown，1991；Ogden，1987）。在性别方面，非洲的经验似乎更为复杂或至少有别于拉丁美洲。在劳动力迁移的早期，男性是最重要的参与者。这是很好理解的，因为城镇的就业结构有利于男子，因为男性在矿下、种植园和工厂中工作。"此外，最初使男性在接受教育方面优先于女性的文化因素，使女性在从事正式工作时也只能做低级的工作"（Adepoju，1995，第95页），并因此剥夺了她们在迁移中与男子平等的参与机会。最初，许多女性移民是为了陪伴男性，因此被定性为附带移民（Adepoju，1995）。但情况变化很快，20世纪60年代的人口普查显示，女性也正在迁移。正如廷达和布兹（Tienda and Booth，1988）所指出的，"家中男性缺位、经济作物种植及和土地质量下降等因素正在把更多的妇女推出农村地区"（转引自Adepoju，1995，第96页）。随着女性受教育程度的提高，她们加入到移民大军中，希望以此来改善她们的经济和社会生活条件。妇女自主迁移正在成为常态。在南部非洲一些国家，大规模女性移民并不是什么新鲜事。琼斯－杜贝（Jones－Dube，1995，第332—333页）报告说，在博茨瓦纳，女性移民是一种常见现象，无论家中有无男子，女性移民既是季节性的也是永久性的。传统上，她们为了生产粮食会季节性地在她们生活的村庄和劳作的土地之间迁移；他们也因为结婚而迁移，并以劳工的身份在博茨瓦纳、南非和津巴布韦的不动产农场之间流动。

移民的原因

许多研究移民的作家区分了人们从一个地方迁移到另一个地方的两个主要原因。迁出的原因通常被称为"推动因素"。土地短缺、贫穷、人满为患、环境退化和机会缺乏都是促使人们离开农村地区的原因。人们被吸引到一个地方的原因被称为"拉动因素"。我们应该谨慎对待文献中提到的其中一个推动因素，它导致了数百万人从农村地区迁出。许多人毫不犹豫地表示，贫困是主要的推动因素，因为在农村，人们看不到机会，因此，他们为了生存而奔走他乡。在非洲，我们都在电视上看过埃塞俄比亚人和其他难民逃离饥荒的画面。但是，这可能是例外而不是惯例。大多数移民虽然贫穷，但相对于他们在农村的邻居来说，他们并不是最贫穷的人。

尽管农村人可能会察觉到吸引他们到某些地方的机遇和挑战。但是人们为什么迁移？向农村地区和目的地迁移的社会和经济代价是什么？决定采取行动带来的社会/心理后果是什么？采用各种各样的方法研究迁移的学者试图回答这些及其他问题。

用结构功能主义方法来研究移民

"结构功能主义"是一种看待社会事件的方法，强调社会事件是社会的一部分，具有高度一体化的部分能够平稳地操作或运行。作为解释的一种模型，这种观点意味着接受社会互动的群体性质。人们在互动中相互影响，以一种相当稳定、没有太多摩擦的方式相互适应，这解释了一个相当完整和自我延续的社会存在。迁移是社会主要阶层之间互动的主要机制之一，它为有关团体和社会发挥各种积极作用，但有时也会发挥消极作用（Gerold – Scheeper et al.，1978）。

用新古典主义来解释移民

根据阿兰戈（Arango，2000，第285页）的看法，新古典主义经济学的移民理论是关于移民的第一个理论，也可能是迄今为止最有影响力的移民理论。该理论遵循理性选择、效用最大化、预期净收益、流动性要素和工资差异等已知原则，它结合了个人决策的微观视角和结构决定因素的宏观视角，因此，移民是劳动力和资本地理分布不均共同作用的结果。它假设移民是农村和城市地区以及（就此而言）国家之间劳动力市场差距的结果。移民源于城乡之间的工资和机会差异，在一些国家或地区，劳动力相对于资本而言是稀缺的，其价格（工资水平）也相应较高，而在其他地区则相反。因此，工人往往会从劳动力富余、工资低的国家转向工资高的劳动力稀缺国家（Arango，2000，第285页）。农村地区的个人是理性的行动者，他们为了自己的利益而做出决策（成本效益计算）。这毫不奇怪，根据新古典经济学的观点，移民是理性行为者个人决策的结果，他们通过移民到劳动报酬高于在其家乡的地方寻求改善他们的生活，移民后报酬的增大足以抵消移民所涉及的有形和无形成本。因此，移民是个人的、自发和自愿的行为，它基于行为者的个人现状和移民的预期净收益之间的比较，以及成本效益计算的结果（Arango，

2000，第 285 页）。

对于许多从这一传统出发进行研究的理论家来说，移民就是各种推拉要素的相互作用。他们强调移民原因的经济要素。移民主要是农村地区及其周边地区与城镇、矿山、种植园和其他新兴就业中心之间的相互作用。工作和其他机会，如更高的工资、更好的教育机会、娱乐和多样化的社交生活（Hedlund and Lundall，1983）提供了拉动因素。还有一些推动因素，如贫困、收入下降、饥饿和健康状况不佳等，这些都为人们离开农村地区提供了强有力的刺激。这些推拉因素并不是移民原因的最终定论，还有其他更多与移民有关的社会因素和心理因素。如在目的地是否有亲戚和朋友，以及考虑目前位置和预期目的地之间距离等，这都是与移民有关的因素。正如艾纳和贝克（Aina and Baker，1995，第 14 页）所说：

"我们正在处理各种选择和备选方案的定义、对它们的看法以及做出选择和实施选择的意愿和能力及它们之间的相互作用。就移民而言，（物质和文化）距离、性别、年龄、亲属和血统关系、信息、外界联系、教育和技能、资金以及对移民的情愿和迫切程度都很重要。"

因此，个人动机和环境在决定是否移民时至关重要。为了更好地理解移民经历，可能需要建立一个复杂的多维模型，以相互补充丰富的方式将各种因素联系起来。从结构功能主义的角度来看，移民在社会中发挥着某种作用，实际上在某些方面可能造成功能失调。这些功能和功能失调就发展而言大多已经概念化，即反映了农村经济和目的地经济的发展情况。

移民功能失调的核心在于并非每个想迁的人都能移民。移民是选择性的，必须具有特定的特征才能入选，这些特征可以与原籍地和目的地的社会、经济、政治和文化等方面联系在一起（Gddscheider，1984）。它们影响到迁出和迁入两端的发展结构。哈里斯和托达罗（Harris and Todaro，1970）率先主张，农村人口向城市的迁移对农业发展产生了负面影响。他们认为，土地和劳动力是农村地区两个最重要的生产要素。移民扰乱了这两个因素，从而扰乱了生产。他们认为，当一个劳动力移出，农业部门都会出现劳动力短缺，从而导致该部门生产下降。在哈里斯和托达罗看来，在这种情况下，（由于流动劳动力）农业部门放弃了在没有流动时本可以通过与城市部门进行贸易而获得的制成品。当然，哈里斯和托达罗认为，移民往往是那些精打细算的人，他们对农村和城市地区工资状况和机会都了如指掌。对于不够理性且可能对成本和利益概念理解模糊的潜在移民而言，这是相当不现实的。"经验表明，农村移民主要以年轻人为主（特别是 15 至 29 岁之间的年轻人）。"（Gddsc-heider，1984，第 6 页）

　　从这一事实可以得出若干个结论。第一，留在农村的人口年龄结构发生了改变。因此，年纪较大的人（如果还不算老年人）最有可能留在农村地区，而身强力壮的人，也就是生产能力最强的人，通过移民离开农村。这对农村地区的发展状况产生了负面影响。不仅造成劳动力减少，而且种植粮食和防止土地退化的强壮劳力也减少了。此外，由于能够赚取较高工资的劳动力流失，农村收入也受到影响。第二，外迁的人往往是更富有、教育程度更高且更有抱负的，因此，实质上，这对乡村来说是"人才流失"。那些留下来的人不太能接受改变，他们最不能接受创新，即使创新能使农村地区社会经济腾飞。第三，迁移者比较年轻，身体更健康，生育率更高，他们可能会造成城市地区人口过剩，从而造成诸如失业等城市问题。但是，由于大多数移民是男性，农村地区的男女比例失衡可能影响总体生育率。农村地区的家庭结构可能也会受大规模移民的不利影响，因为这可能会使以女性为户主的家庭数量增长，而对贫困的研究总是将许多地方的女户主家庭与贫穷联系在一起。因此，以男性为主的移民其中一个重要方面是，女户主家庭数量增加，不仅在博茨瓦纳、莱索托和斯威士兰如此，而且在赞比亚和肯尼亚也是如此，莱索托的情况尤其危险，山区 3/4 的农村家庭都是女性户主，找不到男子去完成繁重的耕作和种植工作；无论有没有子女帮助，女性在承担不在家的丈夫本应承担的劳动方面，都越来越力不从心。因此，越来越多的妇女，包括一些其丈夫偶尔回家的妇女，不得不在丈夫不在的情况下自己耕种土地。因此，在莱索托，女性户主的农村家庭，即因男性移民而衍生的家庭，是最为贫穷的家庭。这看似荒谬，但却是事实（Adepoju，1995）。最后，外迁也可能对农村地区产生不利影响，因为它意味着与亲属和社区分离。艾滋病是对农村地区的又一大破坏。古尔德（Gould，1995，第 16 页）称，"艾滋病与移民、艾滋病与农村经济之间的关系可能是多种多样的，但也有其共性——艾滋病发病率及其对农村经济的影响虽千差万变，但更有可能发生在人口大量迁入迁出的地区"。对这一

问题不可掉以轻心。正如斯凯尔顿（Skeldon, 2002, 第 7 页）所论证的
那样：

> 从全国范围看，受教育者有明显外流的情况，很难单凭经验证
> 明宏观指标有下降趋势。同样，农业生产下降或村级层面农村向城
> 市移民下降的原因也是令人难以捉摸的。

移民的作用

并非所有人都认为移民有功能失调的问题。早在 20 世纪 60 年代，
就有人认为迁移劳动力与农村社会经济发展有关。米勒尔克和贝里
（Miracle and Berry, 1970）提出了这样的观点：作为农村社区变革的推
动者，返乡农民工发挥了重要作用。他们带回了在外部积累的资本，引
进了新方法和新技术，传授技能，传播有益思想、态度和价值观。从理
论上讲，正如格里芬（Griffin, 1976）所指出的"如果移民对农村地区
的贡献是积极的，那么留守者的收益等于移民消费额与他们对产出的贡
献之间的差额。（转引自 Hedlund and Lundall, 1978, 第 17 页）。Griffin
还指出，移民有可能促进农村地区的收入平等。根据供求规律，农村地
区的工资水平更有可能因移民劳动力供应收缩而上升。赫德隆德和伦德
尔（Hedlund and Lundall, 1978）指出了格里芬的论点中的一些问题，那
就是，并不是所有农村居民都拥有同样的技能，因此，如果技能较高的
人离开，那么留守人口的生活（包括收入）将受到负面影响。阿德波尤
的研究表明，"（移民的）汇款是非洲移民系统中最强劲、最普遍的现象
之一"（Adepoju, 1995, 第 100 页）。据他介绍，对莱索托的一些家庭来
说，汇款是命脉，是生活的主要来源，用以支付家庭房租、医疗费、学
费和各种公共开支（包括会费、捐款、仪式、建造房屋或创办小型企
业、为返回家园做准备等所需费用）（Adepoju, 1995, 第 100 页）。阿德
波尤进一步指出，移民汇款高达家庭收入的60%。

在非洲进行的其他研究指出了汇款对农村地区的重要性。雷姆佩尔
和伦德尔（Rempel and Lodell, 1978）回顾了关于这一主题的文献，得
出结论：汇款占非洲农村家庭收入的40%。根据埃文斯和皮尔扎达

（Evans and Pirzada，1995）的研究，汇款的重要性似乎因社会阶层而异。总的来说，汇款对贫困家庭正常生活的维持非常重要，但随着收入水平的提高，汇款的重要性也在逐渐降低。在某些地方，移民可能是家庭在经济危机中生存的一种应对机制（Adepoju，1995）。家庭将更有前途的成员送到城市地区，希望汇款会很快到来。汇款对农村地区的发展十分重要，特别是用于投资而不是用于消费的汇款。

移民所做的工作是低端的，例如除草、脱粒等，都是当地人看不上的工作。这些工作为移民提供经济回报，同时移民的出现也缓解了劳动力短缺问题。阿德波尤（1978）认为，来自移民的压力甚至可能导致土地所有制的变革，导致人性化以及生产力更高的制度产生。在目的地，移民可能开始利用被忽视的技术及自然资源，从而带动当地经济振兴。有时，农村来的移民优势在于同时站在原籍和目的地的角度，比较原籍地和目的地的人口及活动。在这个过程中，他们将其技能发挥最大作用的领域剥离开来。通过这样做，他们所到之处，都会产生波纹效应（Adepoju，1978），其结果是目标地区域经济的多样化。移民也可能对非洲妇女的生活产生积极影响。这种现象不仅拓宽了她们的视野，给她们提供了机会，而且还可能增加她们的全面自治和经济独立的意识（Adepoju，1995），因为在城市地区，不论女性从事的是正式还是非正式工作，她们都比在农村时有更好的生活机会和更强的独立性。

新古典主义移民概念的一个问题是，鉴于农村和城市地区收入、工资和福利水平在各地区之间存在巨大差异，为什么城乡移民人数如此之少（Arango，2000）。同时，它也不能解释为什么一些农村地区的外迁率相对较低，但另一些结构相似的农村地区外迁率却很高。同样，接纳城镇的移民率各不相同的问题也得不到解释。认为所有移民都是个人市场参与者或理性的人，拥有完整而准确的信息，可以自主选择移民，是不准确的（Arango，2000）。梅西等人（Massey et al.，1998）认为，新古典主义忽略了与政治、历史和移民的文化背景有关的重要因素。

移民不是零和博弈：在讨论迁移时隐含的功能或功能失调的权衡是基于假设，即这种现象遵循某种零和博弈的假设。此外，在这种情况下，功能正常和功能失调可能并不是相互排斥的。移民现象可能对受影响地区和所涉人员同时产生积极和消极的影响。正如施蒂希特（Stichter，

1985）在非洲案例中所论证的那样，成年男子外出的比例很可能有一定的上限，或者离开的时间有一定的上限，超过这个上限，农业产量将下降（即运作障碍）；但是，在未达到上限时，男性缺位的影响将因人口密度、土地利用率、生态制约因素、作物类型、农业技术、社会劳动分工和社会经济差异等因素而有所不同（Stichter，1985，第34页）。因此，完全可以想象，移民可能不会对人口稠密、生活贫穷的农村地区产生负面影响。与此同时，对于农村人口而言，土壤肥沃的地区需要大量劳动力，任何将强壮劳动力带离该地区的机制都可能对农村人口产生极大的影响。移民导致功能正常还是功能失调取决于以下因素：人口的增长、农业及畜牧业系统的性质、生态的有利性、土地资源、技术和作物革新以及妇女和儿童在生产系统中的地位（Stichter，1985）。

新兴劳动力迁移经济学是新古典主义经济学对移民问题的一种变体，它认为家庭是最合适的决策单位。因此，作为维持生计的集体单位，家庭会对迁移者个人产生影响。移民行为的决策发生在家庭内部（与新古典主义相反，劳动力迁移经济学认为家庭是一个更大的个人背景）。新兴劳动力迁移经济学的观点是，农村地区的家庭成员作为集体采取行动，不仅是为了增加收入，而且是为了尽量减少风险和市场限制因素，如缺乏信贷、资本和保险。因此，移民是家庭而不是个人采用的一种策略，移民是使家庭收入来源多样化的策略。当然，迁移者的汇款也有助于稳定农村居民的收入。移民也是一种将收入风险最小化的策略（即失业、收入丧失或作物歉收）。新兴劳动力迁移经济学不同于新古典方法的表现如下：

> 在解释迁移的决定时，通过引入相对贫困的概念，不能只考虑原籍国和目的地国之间的工资差异……。由于原籍社区有的家庭有迁出移民，而有的家庭则无迁出移民，有无迁出者的家庭之间出现不平衡，无迁出者的家庭无法应对物价持续上涨等经济因素的影响，因此，引发移徙的因素包括一个家庭在原籍社区中的收入状况和该家庭的非绝对收入（Flocore，2009，第276页）。

同新古典方法一样，移民源于地区与地区之间工资和机会方面的差异。格雷内尔（Greiner，2011）使用了新兴劳动力迁移经济学的某些方面来描述纳米比亚移民现象。

二元劳动力市场移民理论

新古典移民理论强调，移民行为与迁移者在面对拉动因素和推动因素（即移民的供应）时做出的理性选择有关，而二元劳动力市场理论则认为，移民源于城市地区（或现代工业国家，即被迁移者）工业的内在劳动力需求。

简而言之，皮埃尔（Piore，1979）的二元劳动力市场理论认为，劳动力市场本质上是分化的。劳动力的分化是指由于资本家喜欢在经济（或季节）波动时使用固定劳动力和储备劳动力，获得、培训和失去"资本密集型"工人的成本更高，从而形成了具有特定优势和特点的不同劳动力市场。主要劳动力市场的主体基本由本地工人、工会工人和高技能工人组成，他们享有更高的工资、更高的威望、更大的稳定性和更多晋升的机会，这些工人的经验和知识对企业的成功很重要，这为他们赢得了一定程度的安全保障，使他们免受市场波动的影响，这部分人可以被视为"固定"劳动力资本。而次级劳动力市场是灵活的，次级劳动力市场从事不受欢迎的工作，其特点是工资和声望低、时有时无、非全职或非正规，这些工作对当地人没有吸引力，因此无论失业率或工资变化如何，次级劳动力市场都有固有的、恒定的需求（见表5-1）。尽管二元劳动力市场理论最初是为发达国家制定的，但它同样也适用于发展中国家。正如菲尔茨（2007）所说：

> 发展中国家的劳动力市场表现出低失业率和大量贫困劳动阶级（指拥有固定工作但相对贫穷的阶级）。对这些事实的一般解释是，贫穷国家的工人无法承受长期失业，因此除非有更好的选择，为了迅速赚取现金，他们大多数只能从事低薪酬工作或在非正式部门自谋职业（Fields，2007，第26页）。

根据二元劳动力市场理论，正是移民填补了这些次级劳动力市场的工作。这一观点的根据是，劳动力市场需要移民，因为城镇（实际上发达国家也是如此）当地工人不愿意从事次级劳动市场的工作，他们根本不可能通过标准市场机制接受这些工作，因为提高次级劳动力市场职位的工资会导致各级职位要求提高待遇，从而导致结构性通货膨胀。而农村人会毫无顾虑地接受这种工作，因为这种"低工资"通常都比他们在农村地区的"收入"还要高，这些工作赋予他们高的地位和声望，因为他们的参照点仍然是农村地区。

表 5-1   劳动力市场

主要劳动力市场	次级劳动力市场
城市	乡村
工业	农业
现代	传统
通过就业获得工资	生活自给自足
偶尔	永久
室内	室外
正式	非正式

资料来源：Lehmann H&N. Pignatti，2007。

这一理论的一个大问题是，它假定所有的移民都是需求驱动的，排除了推动因素（Arango，2000），因此，只解释了一部分现实。另一个问题是移民似乎是自主前来的，而不是为了填补现有的工作而来。事实上，许多纳米比亚城镇没有现成的工作等待填补，许多移民多年来一直没有工作。此外，没有证据表明在纳米比亚有招募机构从农村地区大量招募工人。与新古典主义方法相同，这一理论也无法解释为什么一些农村地区的人口外迁率相对较低，而另一些在结构上相似的地区却不是如此。

冲突方法在移民研究中的应用

冲突方法有许多版本，所有版本都假定社会冲突普遍存在于社会和社会现象中。社会现象，包括移民，是社会冲突的结果。与结构功能主义一样，冲突方法也有宏观重点和社会结构重点。社会中存在各种处于竞争和/或冲突中的结构，任何时候形成的平衡都可能发生变化。在移民分析中，两种较为突出的理论是：依附性理论和世界系统理论。依附性理论可以定义为这样一种观点：欠发达国家发展不足在很大程度上是由于它们依赖工业发达国家和跨国公司，无论当地、社会和政治代价如何，这些国家和公司在稳定的投资环境中均拥有既得利益（Colhoun et al.，1997）。这种依附理论的出现是马克思主义观点对新古典主义移民理论的挑战，其要点是，在国家层面，城市地区接收来自农村地区的移民（有些人则前往发达国家），这些移民相对于留下的那些人而言是更有技术的，而且归根结底，移民不过是发达国家通过欠发达国家的城市中心来维持其霸权地位的一种工具。同样，世界体系理论认为，移民是全球化的影响，抑或是不平衡的国际经济秩序等造成的结果（Arango，2000）。移民在为自己争取更好经济机会的同时，全球化和广泛的资本主义也促进了劳动力的流动。

"它通过外国直接投资和跨国公司等机制得到促进，也是造成发展中国家大量农村人口向城市迁移的一个原因。而在那些需要用大量廉价劳动力以保持竞争力的发展中国家，移民也是解决劳动力市场过剩和短缺的办法。"（Siddique，2003，第16页）。

如阿兰戈（2000）所解释的，由于欠发达国家受到殖民主义、新殖民主义和多国公司以及其他外国直接投资机制的渗透，欠发达国家出现了一些混乱现象，同时与核心国家建立了牢固的物质和文化联系，导致农村、城市以及国与国之间的移民。其中包括工人的迁移，他们因失去了传统的谋生方式而流离失所。通常，这会导致劳动力大量盈余，小规模的非农业部门没法吸收这些剩余劳动力。这导致人口向城市迁移，并导致生产力极低的第三产业部门膨胀（Arango，2000，第291页）。

萨米尔·阿明（Samir Amin，1995）是研究非洲问题的理论家，他把依附理论和世界系统理论结合起来研究非洲的城乡迁移问题。他认为，如果考虑到当代非洲的移民现象是全球资本主义扩张进程的一部分，它对非洲大陆的社会形态产生了深刻影响，那么我们就能更好地理解当代非洲的移民现象。移民是外围化进程的一部分，它使得非洲最终意识到自己处于全球经济的边缘，其作用主要限于提供原材料和购买次要消费品。虽然移民是一种世界现象，但在非洲（也许同样在世界其他边缘地区），人们对此有不同的理解。在非洲，移民更多的是人员流动，而不是劳动力的流动（即失去传统生活方式的流离失所的劳工）。当"农村地区"的土地、原材料和劳动力受到市场的压力和控制时（由于农业机械化导致收入迅速减少），移民就会仓促流动。因此，迁移者并没有改变他们的目的地，只是在原地从事一些次要的工作，例如成为低薪族或佃农。

据阿明（1995，第38页）的观点，更重要的一点是，在非洲，移民模式是在完全不同的环境下运作的。从农村迁出并没有带来生产力的提高，而是导致了生产力的停滞甚至生产力的退化。因此，不是劳动力过剩的问题，而是整个人口中许多群体的问题致使农村人口和生产匮乏。移民与将该地区永久纳入西方主导的国际分工相联系。与过去几个世纪的欧洲不同的是，非洲的移民并不是促进工业化进程的一部分：

"停滞的农村地区人口减少，使那些没有工业的城镇受益，这些城镇没有能力通过开发来为正在迅速发展的农业提供资金。因此，向当地城镇的迁移不过是以悲惨的方式取代的有限量的国际移民（向欧洲）。"（Amin，1995，第38页）

迁移是农村人口脱离其生产资料（主要是土地）的主要方式，也是他们无产阶级化的主要方式，同样是资本主义企业获得廉价劳动力的主要途径。它是资本主义在全球范围内历史性扩张的重要组成部分。考虑到这一点，关于迁移的收益和成本的功能主义的讨论没有抓住重点，因为迁移的经验不是关于收益和成本，而是关于历史上不断发展演变的结构、制度和生活环境。把注意力集中在个人或群体选择迁移的原因上是毫无意义的。推动因素与全球农村地区由于融入全球资本主义制度而正在经历的社会变革密切相关（Amin，1995，第32页）。这一点解释了为什么贫穷的马赛族人（贫穷的主要推动因素）不迁移而坦桑尼亚乞力马扎罗地区相对富有的农民却有更高的迁移率。

阿明的分析存在几个问题。第一，当只涉及一个独立变量即全球分层系统时，就很难证明或反驳他的分析。在阿明的分析中，"在大国之间的博弈中，移民只不过是被动的棋子，而资本积累的逻辑对世界进程起到了推波助澜的作用，它可以为研究各国（和国家内部地区）之间的具体迁移关系提供背景，但与其说是调查，不如说它是事先做出的解释，而且是一种无法通过经验检验的解释"（Arango，2000，第291页）。第二，正如阿明和贝克（Aina and Baker，1995）所指出的，阿明提出的框架中不允许在移民经验中具有决策、文化和生态能力的行为者发挥作用，换句话说，他的框架过于经济化了。许多人似乎并非出于找工作的原因才迁移的。此外，依附方法（为阿明的研究提供信息）假定"发展"，或更确切地说，经济增长，不可能发生在外围地区，这一说法正在世界许多地区（包括东亚地区）遭到驳斥。

纳米比亚从乡村到城市的移民

这一切对纳米比亚从乡村到城市移民意味着什么呢？

有两点需要说明：第一，关于纳米比亚移民的文章并不多。其中脱颖而出的有彭德尔顿（Pendlton）、弗雷恩（Frayne）、玛菲尤恩（Mufune）、因多戈（Indongo）和尼克诺尔（Nickanor）等人以及特维登的作品。第二，关于纳米比亚移民的大部分著作遵循的是新古典主义的移民研究方法。

根据 2001 年人口普查，特维登（Tvedten，2004）提出了三种主要的纳米比亚移民模式：第一种是从前奥万博的农村和城市地区向该国中部较大的城市地区（主要是温特和克和沃尔维斯湾）移民；第二种是从奥卡万戈和卡普里维北部的农村地区向各自的主要城市中心伦杜和卡蒂马穆利洛移民；第三种是从南部的农村和城市地区向中部更大的城市移民。特维登指出，几乎所有公共和个人投资、就业和收入可能性、教育和健康医疗服务都集中在纳米比亚中部的城市地区。在这种情况下，几乎所有纳米比亚研究都谈到了推动和拉动因素，认为这两种因素是人们从农村向城市迁移的诱因。弗雷恩（Frayne，2005）提到，从 20 世纪初开始，对于男性来说，与缺乏牲畜相关的社会贫困严重到足以促使移民；对妇女来说，困难在于嫁给了没有养牛或移民到城镇的男人。在彭德尔顿（1996）看来，纳米比亚女性从农村到城市迁移的增加反映了贫困人口中女性越来越多的趋势。

玛菲尤恩、因多戈和尼克诺尔等人在最近进行的一项研究中发现，在抽样中，迁移者大多是失业人口（54.5%），失业女青年占比较高，其中大多数受访者（73.2%）都上过中学。以前在纳米比亚早先进行的移民研究结果同样表明，随着教育和收入水平的提高，迁移的可能性也有所增加。大多数移民是为了找工作（近53%）而迁移的，其次是与家庭有关的原因（近33%）、教育（近25%）和城市对人的吸引（近20%）。因为受教育而迁移的女性多于男性，因城市的吸引力而迁移的男性则多于女性。纳米比亚的移民动机并没有发生很大变化，正如被玛菲尤恩、因多戈和尼克诺尔等人（2008）的研究所证实彭德尔顿和弗雷恩（1998）的研究发现那样：迁移首先是由于家庭原因，其次才是为了寻找工作。

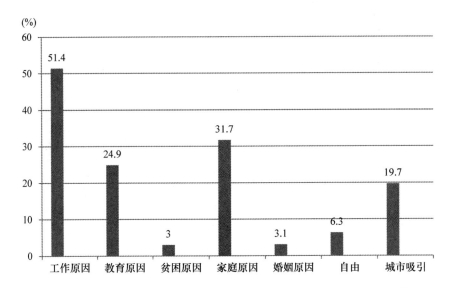

图 5-1　图中显示了对"你为什么要搬到此处"这个问题的多种回答

(Mufune et al.，2008)

根据新兴劳动力迁移的经济学框架，弗雷恩和彭德尔顿（2003）认为，在纳米比亚，移民是一种社会和经济应对策略。他们表示，面对艾滋病毒/艾滋病等流行病，迁移者会前往城市地区寻求医疗保障和（或）社会经济支助。尽管有这样的说法，但还没有可靠的研究表明纳米比亚农村家庭是如何参与移民决策的。

弗雷恩的研究发现，在纳米比亚有许多城乡联系。他报告如下：

> 移民在城市地区得以生存，部分原因是他们能从农村地区得到食物。在过去一年中，在抽样的温得和克家庭中，约有62%的家庭

从农村地区的亲属那里得到食物；还有4%的家庭接受了来自朋友的食物。这占所有被调查家庭的三分之二，包括那些没有第一代移民生活在家中的家庭（也即所有家庭成员都出生在温得和克，占样本的14%）。更重要的是，约58%的家庭表示，他们每年会收二到六次食物。受访者还表示收到了各种各样的产品，其中一些是季节性的，包括养殖的和野生食品，一些肉类、家禽和鱼类（Frayne，2005，第60—61页）。

调查结果显示，98%以上的人表示在农村地区有亲戚，这一事实证实了特维登（2005）样本中的城乡联系的强度。大多数人（86%）每年至少走访这些农村地区的亲戚和朋友一次，这里面可能有周期性波动。这一数据得到了特维登（2004）的证实，他发现多达89%的城市移民每年至少去农村地区一次，只有10%的人偶尔或者根本不去；48%的城市移民在乡村探亲中停留至少一个月，回乡探亲的部分原因是，诸如小孩出生、葬礼和婚礼等社会文化活动，这种活动不仅需要钱，而且也需要移民亲自到场。然而，特维登发现，最贫穷的移民无法与原籍地维持关系。其中很大一部分赤贫移民来自女户主家庭。特维登（2004）同意弗雷恩的观点，即城乡联系涉及劳动力、儿童保育、农产品和各种商品和服务的交换。

弗雷恩（2005）称，1990年以前的农村向城市的移民是暂时的和周期性的，因为它满足了殖民时期的劳动力需求。独立后的移民不那么具有周期性，但变得更加持久。

弗雷恩（2005；2007）的研究指出了迁移对纳米比亚发展的影响。他谈到了在农村地区新建砖房、车辆和畜群数量的增加，这反映出对许多移民来说，农村畜群是一个重要的关注领域。并不是所有影响都是有利的，比如，牲畜群数量的增加可能会由于过度放牧，给农村环境带来压力。显然，农村向城市移民对纳米比亚发展产生的影响还需要更多的研究。

新兴劳动力迁移经济学指出，汇款在增加农村地区收入（和发展）方面发挥着重要作用。弗雷恩报告称，研究表明，向农村地区汇款是纳米比亚城市中心移民的一项传统。据他介绍，纳米比亚的城市经济出现下降，会导致迁移者赚取收入的可能性减小，继而导致他们向农村亲属汇款的能力降低。尽管如此，据弗雷恩估计，大约60%的城市移民向农村亲属汇款。格雷内尔（2011）发现，尽管汇款在提高纳米比亚收入方面发挥着重要作用，但这取决于个人的社会地位。格雷内尔认为，富人和穷人都参与了移民，但他们的结果不同。对于穷人来说，移民是一场纯粹为生存而进行的斗争（汇款用于满足基本需求和直接消费），而富人则将汇款投资于养牛和改善住房（Greiner，2011）。

在纳米比亚，关于汇款的研究并不多。其中之一是黑斯廷斯（Hastings，1999）的研究，他发现，收到汇款的家庭比其他家庭成员更多，但考虑家庭所在区域时，家庭大小的影响就消失了。根据黑斯廷斯的说法，接受汇款的家庭更有可能是女户主家庭。他还表示，在许多接受汇款的家庭中，想要成为一家之主的男性正在他乡工作。因为我们也知道，由于其他原因，女性户主家庭很可能很贫穷，这进一步证实了接收汇款的家庭比平均水平更穷这一调查结果。接收汇款家庭的户主可能比不接收汇款家庭的户主年龄稍大，且接收汇款的家庭更有可能在农村地区。虽然"汇款在农村比在城市地区更重要，但由于自给农业的重要性，汇款往往不是农村地区的主要收入来源。"（Hastings，1999，第22页）因此，总的来说，在纳米比亚，汇款似乎有助于消费，而不是投资（这一结论与弗雷恩2007年的研究结果相反）。特维登（2004）认为分析纳米比亚城乡联系要谨慎，在他看来，"城市日益贫困削弱了这种联系，因为人们无法以物质维系与农村的关系，同时又能满足自己的社交和文化追求"（Tvedten，2004，第396页）。

玛菲尤恩、因多戈和尼克诺尔等人也指出了移民在城里的各种谋生手段。按月收入平均数计算（2840纳元），首先是正规企业为移民青年提供了大部分收入，其次是上班的工资收入（平均2748纳元），再次是非正规企业（平均约615纳元），最后是散工（平均约545纳元）以及养恤金和残疾补助（平均接近约525纳元）。个人收入因性别而有很大差异。因此，在所有收入来源（特别是低薪工作和正规企业的收入）中，男性的平均收入要比女性高很多。女性似乎主要从事性工作，而男性则主要做街头小贩，如出售酒类、卡巴纳（一种肉）和探戈牌。这项研究否定了二元劳动力市场的解释，即移民在很大程度上是需求驱动的，从而排除了推动因素。移民从农村地区自主来到城镇，而不是为了填补现有的工作空缺（因为工作空缺基本上是不存在的）。面对失业，为什么这些移民要继续留在城市生活呢？特维登给出了答案（2004，第415页），他的研究表明，"尽管原籍村庄可能会带来更好的生活，许多贫穷的城市男子不会返回那里，因为他们无法面对被他们的大家庭视为'失败者'"。这些人由于在城里没有成功（即未能获得正式就业）就违背了他们当初移居城市的初衷，他们没有能力向农村亲属提供实物也证明了他们作为男人的失败（Tvedten，2004）。

　　玛菲尤恩、因多戈和尼克诺尔等人的研究还指出，相当多的青年移民生活在木屋区/棚户区，其中四分之一的人把灌木丛当作厕所使用。即使是那些可以使用抽水马桶的人，也是平均18个人共用一间厕所，这表明许多人依赖公共厕所。在木屋区/棚户区，这些人支付最低限度的费用，如水、电费和房租。

概念回顾		
·连锁移徙	·迁移率	·国际移徙
·循环	·迁移流	·迁移
·移居外国	·净迁移	·城乡迁移
·移民	·拉动和推动因素	·汇款
·国内迁移	·城乡联系	·移民理论

新出现的问题

　　本章首先定义和阐述了有关移民的主要概念。移民最简单的定义是指人口和/或位置的移动。然而，并不是每一次这样的移动都适用"移民"一词。范·宾斯伯根（Van Binsbergen，1978，第10页）认为移民应被定义为在相当长的一段时间和相当长的距离范围进行的人员地理流动。

　　为什么要关注移民问题？虽然还存在争议，但移民就像生育率和死亡率一样是可以改变农村人口规模的因素之一。至少在短期内，它可能对原籍地区和目的地地区的发展产生影响。有人担心，人口迁移会使城市人满为患，进而滋生棚户区和与非正式住房相关的其他问题。其他人则抱怨从农村向城市地区的迁移正在削弱农村地区，因为迁走的这部分

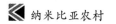

人有潜力为农村地区做出最大的贡献。

移民相关因素

哪些人会迁移？有人认为，凡是发生移民的地方，选择迁移的人都具有某些共同特征。研究人员认为，有几个变量与非洲的移民经历有关，其中包括社会经济地位（特别是教育和收入水平）、性别和年龄。

结构功能主义视角

从这一角度出发，研究人员认为，移民是社会主要阶层之间相互作用的主要机制之一，它为农村乃至城市地区的人们提供了各种积极的，但有时是消极的功能（Gerold – Scheeper et al.，1978）。移民与经济相关，是推动和拉动因素相互作用的一个简单问题。工作和其他机会、更高的工资、更好的教育机会、娱乐和更加多样化的社交生活都是拉动因素。还有一些推动因素，如贫穷、收入下降、饥饿和健康状况不佳等。此外，一些社会心理因素，如在目的地是否有亲戚朋友以及目前位置与预期目的地之间距离等，都是与移民有关的因素。根据结构功能主义的观点，以其对于农村经济和目的地经济的概念来说，移民存在功能正常和功能失调的情况。迁移中功能失调的核心在于，并非每个人都有能力迁移。迁移是具有某些共同特征的人自主选择的，这些都影响到迁移两端的发展结构。哈里斯和托达罗（1970）率先主张，农村人口向城市的迁移对农村农业部门产生了负面影响，老年人最有可能留在农村地区，这不仅导致劳动力减少，而且降低了种植粮食或防止土地退化方面的劳动能力。随着能够赚取较高工资的人力资本流失，农村收入也受到不利影响。向外迁移是更富有、受教育程度更高、更有抱负的人的选择，而留下来的人不太愿意接受改变。移民更年轻，身体更健壮，会造成城市地区人口过剩，从而造成失业等城市问题。

移民的功能：1970年，米勒尔克和贝里提出了这样的观点：返乡农民工作为农村社区变革推动者发挥重要作用，他们带回了外面积累的资本，引进新方法和新技术，传授技能，传播有益思想、态度和价值观。"汇款是非洲移民系统中最明显、最普遍的现象之一。"（Adepoju，1995，第100页）

冲突方法

冲突方法有许多版本，所有版本都假定社会冲突普遍存在于社会或社会现象中。

参考文献

Adepoju, A., 1978："Migration and Rural Development in Nigeria", *African Perspectives*, Vol. 1, No. 1, pp. 79 – 92.

Adepoju, A.；1995："Migration in Africa: An Overview" in Baker, J. and Aina, T. (eds.), *The Migration Experience in Africa*, Nordiska Afrika Institutet.

Aina, T.；1995："Internal Non-Metropolitan Migration and the Development Process in Africa" in Baker, J. and Aina, T. (eds.), *The Migration Experience in Africa*, Nordiska Afrikainstitutet.

Aina, T. and J. Baker；1995："Introduction" in Baker, I. and Aina, A. (eds.), *The Migration Experience in Africa*, Nordiska Afrikainstitutet.

Amin, S.；1995："Migrations in Africa: A Retrospective View" in Baker, J. and Aina, A. (eds.), *The Migration Experience in Africa*, Nordiska Afrikainstitutet.

Arango, J.；2000："Explaining Migration: A Critical Review", *International Social Science Journal*, 52 (165)：283 – 296.

Brown, L. A.；1991：*Place, Migration and Development in the Third World*, Routledge.

Floare C.；2009："Milestones Theoretical and Conceptual Migration Study in International", *Annals of Faculty of Economics*, 2009, vol. 1, issue 1, pp. 275 – 281.

Frayne, B. ; 2005: "Rural Productivity and Urban Survival in Urban Namibia: Eating away from Home", *Journal of Contemporary African Studies*, Vol. 21, issue 1, pp. 51 – 76.

Frayne, B. ; "Survival of the Poorest: Migration and Food Security in Namibia" in Mougeot. L. , 2007: *Agropolis: The Social, Political and Environmental Dimensions of Urban Agriculuture*, International Development Research Centre, Ottawa.

Gerald-Scheepers, T. and Nan Binsbergen; 1978: "Marxist and Non Marxist Approaches to Migration in Tropical Africa", *African Perspectives*, Vol. 1, No. 1, pp. 21 – 36.

Goldscheider, C. (ed.); 1984 Rural Migration in Developing Nations Comparative Studies of Korea, Sri-Lanka and Mali Westview Press.

Gould, W. ; 1995: "Migration and Recent Economic and Environmewntal change in East Africa" in Baker, J. and Aina, T. (eds.), *The Migration Experience in Africa*, Nordiska Afrikainstitutet.

Greiner, C. ; 2011: "Migration, Translocal Networks and Socioeconomic Stratification in Namibia", *Africa*, 81 (4), pp. 606 – 27.

Griffin, K. ; 1976: "On the Emigration of the Peasantry", *World Development*, Vol. 4.

Harris, J. and Todaro, M. ; 1970: "Migration, Unemployment and Development: A Two Sector Analysis", *American Economic Review*, Vol. 60.

Hedlund, H. and Lundall, M. ; 1976: *Migration and Change in Rural Zambia Scandinavian*, Institute of African Studies, Research Report No. 70.

Lehmann H. and N. Pignatti; 2007: "Informal Employment Relationships and Labour Market Segmentation in Transitional Economies: Evidence from Ukraine", IZA Discussion Papers, 3269, Institute for the Study of Labor (IZA).

Massey, D. , Arango, G. Hugo, A. Kouaouci, A. Pellegrino and L. Edward Taylor, *Worlds in Motion, Understanding International Migration at the End of the Millennium*, Oxford Clarendon Press.

Miracle, M. and Berry, S. ; 1970: "Migrant Labour and Economic Development", *Oxford Economic Papers*, Vol. 22, No. 1, pp. 86 – 108.

Ogden, Stichter, S.; 1985: *Migrant Labourers*, Cambridge University Press.

Piore, M.; 1979: Birds of passage: Migrant labour in industrial societies, Cambridge University Press.

Skeldon, R.; 2002: "Migration and Poverty", *Asia Pacific Population Journal*, pp. 67 – 82.

Thomas H.; 1999: *The Role of Remittances in the Namibian Economy*, NEPRU Occasional paper No. 15 Windhoek.

Tienda, M. and Booth, K.: "Gender, Migration and Social Change", *International sociology*, Vol. 6, pp. 51 – 72.

Tvedten, I.: "A Town is just a Town: Poverty and Social Relations of Poverty in Namibia", *Canadian Journal of African Studies*, Vol. 38, No. 2, pp. 393 – 423.

Van Bisbergen, W. and H. Meilink; 1978: "Migration and the Transformation of Modern African Society", *African Perspectives*, Vol. 1, No. 1, pp. 7 – 20.

Zelinsky, W.; 1971: "The Hypothesis of Mobility Transition", *Geographical Review*, Vol. 61, pp. 219 – 49.

第六章

纳米比亚农业问题

　　一个社区或国家的经济活动可分为几个类型：开采资源、生产、分配和服务（Flora et al.，1992）。开采资源包括采集自然资源，如采集木材、收割作物、饲养牲畜、捕鱼和采矿等。正如霍德森和沙利文（Hodson and Sullivan，1995）认为的，在农业、渔业、采矿和林业等采掘企业中，产品可以通过各种方式从土壤或环境中移走，移除过程可能简易，也可能复杂，但是最终的产品还保留着很多它在自然环境中的特征。

　　生产包括给一块材料增加价值，让它变得与它所在的环境中呈现的方式不同。制造业（Hodson and Sullivan，1995）是将原材料转化为可用商品和服务的过程（Flora et al.，1992）。分配是一种通过交通运输系统将物料从提取和/或生产点转移到消费点的业务。服务业是支持经济其他阶段所需的活动（Flora et al.，1992），包括医药、金融、教育、娱乐服务等（Hodson and Sullivan，1995）。这些服务在为人们提供品质生活方面起着重要作用。

　　在南部非洲农村地区，尤其在纳米比亚的农村地区，都在不同程度上存在所有这些经济活动。一些农村地区有工厂（例如罗什皮纳），这些工厂正在忙着将原材料加工为成品，然后将这些成品运输（分散）到城市中心和其他地区。政府在纳米比亚农村地区提供教育和其他服务。随着海外游客前来体验纳米比亚的文化（例如库内内的希姆巴斯）和观赏野生动物（例如埃托沙），旅游业正日益成为一种快速发展的服务业。然而，纳米比亚农村地区首要的经济活动是采掘业。到目前为止，最重要的采掘活动是农业。

什么是农业?

我们所说的农业是指为种植粮食及其他作物或饲养牲畜而围绕土地耕作组织的活动和实践。在商业农业中，这样种植的作物和饲养的牲畜主要在国内或世界市场上出售。

我们为什么需要农业？在非常普遍的层面上，农业的必要性体现在以下两个方面：

第一，生产食物和纤维。从这个意义上说，农业是人类生活所需的所有基本营养物的主要来源。如果食物系统不能提供足量的基本营养物以维持人类在所有季节的生活，疾病就会接踵而至，社会就会遭受苦难，发展就会停滞不前。

第二，以农业为农民提供生计，为农业和食品加工业提供利润。

粮食及农业组织（FAO，2000）强调，农业之所以重要，是因为其经济和非经济作用。其经济作用包括以下几种。

创收：在农村，妇女（也有男人）从事非正式部门的工作，这是她们挣钱的主要途径之一。但是，妇女参与非正规部门活动的机会可能取决于农产品（正如我们在第二章中提到的那样）。因此，啤酒酿造活动以及蔬菜和谷物的销售都来自农业。

扶贫：在纳米比亚，正如我们在第四章中看到的那样，农村贫困在从事自给农业的人中最为严重。"在以自给农业为主要收入来源的家庭中，40.3%是贫困家庭，17.6%是极度贫困家庭，这些家庭也占所有贫困家庭的42.3%。"（CSB，2008，第15页）提高农业生产力可能有助于增加农村收入，从而减少贫困，还可能意味着更便宜的粮食和更多的经济活动，从而促进就业，进而提高收入。

粮食安全：世界银行（World Bank，1986）将粮食安全定义为所有人在任何时候都能获得足够的食物，包括质量、数量和多样性的充足，以保障人们积极和健康的生活（没有失去这种机会的风险），粮食生产力的提高和分配的增加可以对粮食安全产生积极的影响，因为这可以帮助减少农村贫困，增加人们购买粮食所需的收入。

农业在南部非洲地区的重要性何在？莱勒（Lele，1991）表示，农业是撒哈拉以南非洲的命脉。它不仅是就业、收入、出口、储蓄、政府财政收入和工业原材料的来源，而且也为其他部门生产的商品和服务提供市场。"许多专家认为，农业生产落后是目前撒哈拉以南非洲经济危机的根源"。根据罗伊（Lowe, 1986）的观点，农业与发展密切相关，因为没有农业生产力的提高，就不可能有发展。

罗伊（1986）指出了农业在早期发展阶段中所发挥的四种重要作用，如在非洲的情况是：

（1）农业有助于创造资本（包括外汇），使经济在欠发达情况下实现转型；

（2）提供劳动力，使非农业部门得以扩张；

（3）导致非农村人口的增长，这些人口的人均收入和工业品消费的增加，刺激对农产品的需求；

（4）农业支持特定国家的剩余人口，直到总体经济扩张。

世界银行（2008）总结了农业对新兴经济体的重要性（如表 6 - 1 所示）。世界银行认为，农业的特点使其成为促进发展的独特工具。更具体地说，农业作为一种谋生的手段和保护环境的方式，对经济活动的重要性显而易见，还被视为环境服务的提供者。作为经济活动，农业可以促进国民经济的增长，因为私营企业对农业进行投资并推动农业产业和非农业经济活动的发展。农业对粮食安全也至关重要，因为它为农村穷人提供了大部分收入。作为营生手段，农业养活了大多数农村居民。它是全世界数十亿小农和无土地者的工作来源。作为与环境息息相关的活动，农业对环境可以造成不良或良好的结果（世界银行，2008，第 4 页）。作为用水最多的产业，农业会造成水资源枯竭。不良的农业生产方法还可能导致农业化学品污染、土壤疲乏甚至气候变化。但从更积极的方面来说，农业在保护生物多样性、流域管理和碳固存方面发挥着重要作用。然而，世界银行（2008）根据经济类型区分了农业对发展的贡献：以农业为基础的经济、转型中的经济和城市化的经济（见表 6 - 1）。在转型中的经济和城市化的经济中，农业作为增长引擎并不重要。在城市化的经济中，农业作为粮食保障的来源也不重要。但在以农业为基础的经济中，它对于经济增长、粮食安全、减贫、商业发展以及自然资源的保护都至关重要。

表6-1   农业在发展中的作用

	以农业为基础的经济	转型中的经济	城市化的经济
农业促进经济增长	+ +①	0	0
农业有效减少贫困	+ +	+ +	+
国家粮食安全	+ +	+	0
农业作为好的营生	+	+	+ +
农业对自然资源和环境的保护	+ +	+ +	+ +

资料来源:《2008 年世界发展报告》。

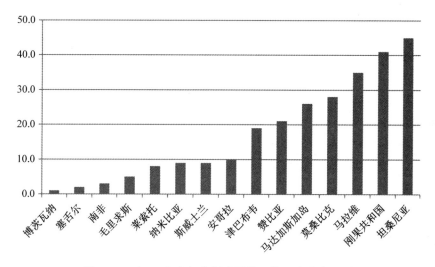

图6-1　在 15 个南部非洲发展共同体国家中农业对
7 个低收入国家最为重要（2008）

资料来源：Pius Chilonda。

　　农业对纳米比亚有多重要呢？农村地区的大多数人都从事某种形式
的农业，尽管在纳米比亚，农业不如在许多其他南共体国家那么重要。
但我们审视农产品的价值时，我们可以真正认识到农业的重要性。根据
《农业统计公报》（MAWF, 2000—2007），商品农业部门为国家经济的
贡献略高于 22 亿纳元。商业农场贡献了 3.6 亿多纳元，商业农场的牲畜
也为经济贡献了 11 亿纳元。如表 6-1 所示，农业每年约占纳米比亚国

---

　　①　原文即如此。

内生产总值的5%。虽然这一数字相对较小，但它不应被低估，因为该部门促进了国家就业，并与其他部门挂钩。2009年纳米比亚农产品出口总额为6.58亿纳元。这与2005年农业的8.43亿纳元相比（表6-2）有所下降。关键在于，在纳米比亚，农业是重要的外汇收入来源。外汇对纳米比亚经济至关重要，因为它使该国能够获得无法通过当地生产提供的货物和服务。

表6-2　　　　不同产业在国内生产总值中的占比（当前价格）　　　单位:%

产业	2000	2001	2002	2003	2004	2005	2006	2007	2008	2009
农业以及林业	6.1	4.9	5.4	5.4	5.3	6.2	6.1	4.9	5.4	5.1
畜牧业	3.1	2.0	2.4	2.3	2.2	3.5	3.4	2.8	3.4	3.2
农作物种植及林业	3.1	2.9	3.0	3.1	3.1	2.7	2.7	2.1	1.9	1.9
渔业及船上渔业加工	4.6	4.8	4.6	4.8	3.7	4.2	3.6	3.8	3.3	3.6
矿业及采石业	9.9	12.0	13.5	8.0	9.7	9.2	12.3	11.0	15.9	10.0
钻石开采	7.1	9.3	10.1	7.1	8.1	6.9	8.5	5.7	7.4	3.6
其他采矿及采石业	2.8	2.6	3.4	1.0	1.6	2.3	3.8	5.3	8.5	6.3

资料来源：中央统计局《2000—2009年国民经济核算》，第22页。

表6-3　　　　　　　　商品及服务出口额　　　　　　单位：百万纳元

出口产品	2000	2001	2002	2003	2004	2005	2006	2007	2008	2009
活物、畜产品及农作物	472	595	795	760	733	843	779	766	370	658
活动物	389	491	652	604	500	569	494	466	334	335
畜产品	38	44	44	45	49	39	32	33	35	35
庄稼、蔬菜、水果以及林产品	45	60	98	110	184	235	253	267	559	288
鱼及其他鱼产品	201	205	277	171	156	237	302	331	222	92

资料来源：中央统计局《2000—2009年国民经济核算》，第35页。

农业类型

我们必须把农业作为一种生活方式和农业作为一种谋生方式区分开。农业作为一种生活方式，让我们与农民（小农）和其他试图在土地上生活的小经营者联系在一起。这些人中有许多拥有群体权利，这让他们能够在公共区域获得土地。他们依赖于劳动（更确切地说是家庭劳动）和非集约化的生产方式。虽然他们参与市场，但这不是他们的首选，因为他们并不依此赚钱。

自给农业

作为一种生活方式，占主导地位的是自给农业。我们可以把自给农业定义为农民种植足够的食物供自己消费的一种农业，但没有真正的剩余粮食可供销售。这些农民大多种植主食供家庭食用，他们的田地或花园相当于一个银行账户，使他们能够日复一日活下去。在纳米比亚的许多农村地区，自给农业相当普遍。在纳米比亚，自给农业具有以下特点：

·大多数工作是由家庭手工完成的，有时借助一些牲畜力量，但很少使用机械化的设备，换句话说，用于自给农业的技术含量很低。

·由于技术含量低，种植全部由家庭成员完成，且种植面积小，生产的产品只能供农户消费。

·低生产力和低产出。

·在纳米比亚，自耕农是最贫穷的。

·自给农业并非只有一种类型。自给农业包括轮耕、畜牧游牧、集约自给农业、刀耕火种农业、临时性农耕，等等。

逐渐地，自给农业部门（所谓的公共部门）在纳米比亚经济中的占比在下降。因此，公共牲畜业对农业总产量的贡献从2000年的20.4%下降到2007年的1.3%。同样，公共作物产量从2000年的5.3%下降到2007年的4.6%。2007年，公共部门产值从2000年的7.094亿纳元降至1.743亿纳元（MAWF，2009）。

据观察，自给农业的衰退有许多原因。其中包括艾滋病毒/艾滋病。许多受艾滋病毒/艾滋病影响的家庭减少了种植面积，甚至减少了作物的种植数量（Abate et al.，2001）；还包括气候变化，公共土地上的牲畜生产力是由降雨量决定的，降雨量的减少导致植被覆盖的减少，而植被是用于牲畜吃树叶和放牧的；此外年轻人持续不断从纳米比亚农村地区迁移不利于公共农业部门发展。

表6-4   各部门在农业总产值中占的百分比   单位:%

	2000 年	2001 年	2002 年	2003 年	2004 年	2005 年	2006 年	2007 年
公共农业部门	36.7	14.9	17.9	16.6	24.1	17.7	36.3	6.9
牲畜	20.4	4.2	3.9	2.0	0.8	0.8	16.7	1.3
农作物	5.3	5.6	1.9	5.1	8.2	4.0	10.1	4.6
其他	10.9	13.5	12.1	13.5	15.1	12.9	9.5	3.7

商业性耕作

对于那些把农业当作谋生手段的人来说,情况就有所不同了。产生利润是这些农民的主要目的,市场发生的变化是头等大事。正是由于这个原因,在南部非洲(包括纳米比亚),他们有时被称为商业农民,以区别于自给农民。商业农民拥有土地所有权,他们关心的是通过一些机械和现代技术来提高生产力。我们正式将商业化农业定义为生产农作物和饲养牲畜并出售给市场的农业。牲畜是指为产奶、肉、劳作和羊毛而饲养的动物,如牛、猪、绵羊、马、山羊和家禽。我们可以确定在南部非洲的几种商业耕作类型,其中一些存在于纳米比亚。其中包括耕牧混合农业、乳品业、大规模粮食生产等。

耕牧混合农业是指种植作物和饲养牲畜同时进行,农民使用他们种植的作物来喂养牲畜或小家畜,有些人甚至可以用动物粪便作为农作物的肥料。他们出售动物产品(鸡蛋或牛奶、兽皮),作为其农业活动的利润来源,尽管马林塔尔(纳米比亚南部)的鸵鸟饲养采用了这一模式的某些方面,但是这种耕作方式在纳米比亚并不普遍。

乳品业包括为了生产牛奶或乳制品(奶酪和黄油)在市场上销售而饲养牲畜,这种农场大多是资本密集型农场(大量使用机器)。乳品业在纳米比亚非常罕见,这是因为纳米比亚在南非统治期间,充满活力的乳品业被肉牛养殖所取代(Mendelson et al.,2006),因为纳米比亚奶农无法与南非奶农竞争。门德尔森(2006)指出,截至2004年,有21名农民从事乳品(主要是牛奶生产)的农业活动,而乳品业只占农业出口总量的3%左右。他估计,2004年奶农生产的产品价值约为5800万纳元,大部分来自当年度生产的20530000升牛奶。如表6-4所示,2005

年牛奶产量达到顶峰，当年生产了 2080 万升价值 6100 万纳元的牛奶。门德尔森（2006）说，对奶农来说，投入成本很高，尤其是牛奶和加工饲料的投入成本很高。他计算，1 升牛奶农民们赚不到其售价的 10%，因此，需要 100 至 200 头奶牛每天生产 1000 至 2000 升牛奶才能盈利。

不过，从纳米比亚南部进口的牛奶（尤其是 UHT 牛奶即超高温灭菌奶、奶酪和黄油）在纳米比亚的超市和食品杂货店中很多，这表明乳制品的进口程度很高。

表 6 - 5　　　　　　2000—2007 年纳米比亚乳制品产量

年份	产量（千公升）	产额（亿纳元）	价格（百万纳元）
2000	19565	1.75	34.4
2001	22354	1.85	41.4
2002	19938	2.22	50.1
2003	20413	2.63	52.1
2004	20412	3.03	58.1
2005	20819	2.93	61.1
2006	18583	2.53	47.0
2007	19512	2.7	52.7

数据来源：农业水利和林业部《农业统计公报》（2000—2009 年）。

大规模粮食生产包括种植谷物（玉米、小麦或大米），供当地消费或出口。有些农场不仅生产粮食供人食用，而且还供动物食用。这种方式的粮食生产在纳米比亚确实是小规模的（表 6 - 6）。门德尔松（2006）将白玉米（最重要的谷物）生产划分在集约化农业之下。玉米对农业产量的贡献总额多年来从 2000 年的 1.4% 上升到 2003 年的 3.8%，2007 年增至 4.3%。同样，小麦对农业产量的贡献从 2000 年的 0.2% 上升到 2003 年的 0.7%，再到 2007 年的 1.5%（MAWF，2009）。纳米比亚白玉米（实际上是黄玉米）和小麦产量不足，因此不得不大量进口供当地人消费。2000 年，纳米比亚进口了 62958 吨玉米，2003 年增加到 88080 吨，2007 年下降到 60141 吨。同样，2000 年、2003 年和 2007 年纳米比亚分别进口了 49317 吨、65108 吨和 61665 吨小麦（MAWF，2009）。纳米比亚不能通过本国的生产满足粮食需要，其中一个主要原因是气候条件。纳米比亚是撒哈拉以南非洲最干旱的国家之一，它的年平均降雨量约为 270 毫米，这意味着要增加生产可能需要灌溉，但由于该国干旱，灌溉农业规模很小（2007 年大约灌溉 4514 公顷玉米和 2369 公顷小麦）。

表 6-6 　　　　　　2000—2007 年纳米比亚商品粮食产量

年份	白玉米		黄玉米		小麦	
	播种面 （公顷）	产量 （吨）	播种面积 （公顷）	产量 （吨）	播种面积 （公顷）	产量 （吨）
2000	9482	35000	1882	940	765	6119
2001	7857	22810	1011	2751	1012	6846
2002	11132	23291	1403	4579	1646	10289
2003	13492	28275	903	5215	1479	8262
2004	12843	49141	1052	1752	2123	11340
2005	13424	43801	183	1781	2434	12987
2006	11373	47620	649	1523	2136	12312
2007	12737	46008	789	796	2369	12163

数据来源：农业水利和林业部《农业统计公报》（2000—2007 年）。

从事商业性粮食种植的农民总数很少。门德尔森（2006）估测，到 2004 年，有 220 名农民参与白玉米种植。这些玉米品种主要分布在楚梅布 - 奥塔维 - 赫鲁特方丹地区的玉米三角地带。该地区"土壤相对肥沃，当湿润的空气由周围的山丘抬升后冷却形成降雨，所以雨量丰沛"（Mendelson et al.，2006，第 60 页）。白玉米在依屯达、哈达普和瑙特水坝附近、斯坦普里特和奥兰治河和卡凡古河沿岸也大面积种植，这种种植在很大程度上依赖于灌溉。

在纳米比亚，种玉米是一项风险很大的行业。门德尔森（2006）表示，每八年就有三次作物歉收，农民在两年内达到收支相抵，另三年有所盈利。对于编织席子的农民来说，玉米是纳米比亚受保护的作物之一。

种植园：指利用大片土地（称为种植园或庄园）种植一种或两种高需求作物供出口或在当地使用。这实际上是用于生产诸如咖啡（例如在坦桑尼亚）、可可（在西非）、糖（在津巴布韦和赞比亚）和茶叶或烟草

（在马拉维和津巴布韦）等专门产品的农业。尽管有人曾提出在卡普里维地区种植麻风树（作为一种有机燃料）的想法，但到目前，纳米比亚几乎没有种植园农业。

承包制农业：指农民根据远期协议，就生产和供应农产品与公司进行交易。这些协议通常包含已经商定好的价格。在一些情况下，该公司向农民提供投入、技术咨询和其他援助，并保证将购买他们的农产品，农民保证向公司提供一定数量和质量水平的特定农产品。在合同农业的集中模式中，一家公司可以承包好几个农民。在某些情况下，一家公司可能只需要与几个主要农民签订这类合同，而这些农民再与其他农民，通常是小农，签订子合同。商业农民之所以签署这类协议是因为他们看到了财政资助、技术转让以及通过推广服务获得培训和技能等的好处。合同农民可能遇到的风险包括公司比个体农民拥有更多的权力，因此，个体农民只有很小的谈判空间。鉴于其地位，公司可能拒绝承担生产风险，例如由于不利的气候造成的作物歉收和低价格导致的负债。与此同时，合同农业对相关企业既有利也有风险，对企业的潜在优势有产品质量更加稳定、产品来源可靠和生产风险分散；而风险包括农民将农产品出售给第三方，有些农民可能将投入转用于生产非约定的农产品。尽管纳米比亚倡导南部葡萄种植者与农业、水产和林业部签订合同，但纳米比亚很少有合同农业，他们似乎在抵制这种做法。

牧场经营：指商业放牧或在划定的一块放牧土地上饲养动物。鉴于纳米比亚的气候和地理位置，牧场经营需要大片土地。牧场在纳米比亚很常见，事实上，当纳米比亚人谈论农业时，他们谈论的是养牛或小型家畜。这并不奇怪，因为牛和小型家畜占纳米比亚农业总产量的67.5%（Mendelson et al.，2006）。如表6-4所示，在2007年，畜牧业占纳米比亚农业总产量的74.7%，仅小型家畜就占到46.4%（MAWF，2009）。根据奇里博加等人（Chiriboga，Kilmer，Fan and Gawande，2008）的说法，纳米比亚在畜牧业生产方面可能更具有相对优势。这里有大片人烟稀少的土地，劳动力成本低，且气候适宜养牛。最近，在养牛和小规模畜牧业中出现了企业家。手代木（Teshirogi，2010）描述了纳米比亚西北部的一种情况，在那里公共畜牧业正在逐渐商业化。他认为农村企业家已经从牲畜拍卖制度中受益。他还发现一些企业家在拍卖会上更频繁地出售牲畜（研究地区的23户家庭中有9户持续参与拍卖）。拍卖带来了可观的现金收入，他们可能用这些钱来买车、支付各种费用，等等。一些拍卖对拍卖主来说不仅稳定了生计，而且提高了现金收入。这可能预示着一个新的牧场主群体的形成。

表 6-7　　　　　　　　　畜牧业占农业总产量的比重　　　　　单位:%

商业畜牧业	2000 年	2001 年	2002 年	2003 年	2004 年	2005 年	2006 年	2007 年
牛	24.2	43.1	32.5	45.2	33.6	37.5	31.5	46.4
绵羊、山羊	17.3	15.6	27.6	18.6	14.8	19.2	13.4	21.1
猪	0.2	0.0	0.1	0.2	0.5	0.7	0.6	0.3
卡拉库其大尾绵羊毛/羊皮	0.8	1.3	0.8	1.0	0.6	1.0	1.3	1.6
乳制品	1.8	2.6	2.2	2.5	3.0	2.7	1.4	2.1
兽皮	7.1	4.8	7.1	1.5	5.1	4.6	1.3	0.9
其他	4.7	6.0	3.2	2.1	5.9	4.0	2.1	2.3
总计	56.2	73.4	73.4	71.0	64.1	69.6	51.6	74.7

商业性农业中的职业群体

由于非洲的情况与其他地方大不相同，需要注意的一点是农业部门的就业情况。大约一个世纪以前，在工业化西方国家，大多数人像在今天的非洲一样从事农业。随着时间的推移，由于工业化导致生产力的提高，农业生产所需要的人数越来越少，越来越多的人从事制造业和服务业。这些留在农业生产当中的少数人就可以满足全体人口的粮食需求和工业所需的原材料。

需要注意的另一点是，虽然农业部门的生产率仍然很低，大多数人仍然从事自给农业，但整个农业（包括商业农业）不时面临着成本上升和价格下降的问题。这是因为农产品本身是不稳定的，因为它们高度依赖多变的天气以及区域和世界市场的竞争。几乎在世界各地，商业性农业都是一种工业性农业，除了数量相对较少的有机农民外，工业型农业系统可以看作是外部投入很高的系统。这些企业往往销售的是单一作物和/或单一牲畜，因此涉及粮食种植和集约化畜牧业和牧场。商业性农业系统中使用现代作物品种和现代动物品种。化学肥料、杀虫剂、生长激素和抗生素也大量使用。此外，这些系统是资本密集型的，需要在机器和新技术方面大量投资。商业性农业必须有充分的支持系统，如灌溉、现成的市场、基础设施（即公路、铁路和空中运输系统）以及信贷和补贴制度。在南部非洲，特别是纳米比亚的商业农民受到若干影响，其中一个影响是，为了竞争，商业农场主必须增加机器的使用、施肥和不断增加并改良作物品种。换句话说，他们的技术必须与世界各地的竞争对手媲敌。对更高端技术的需求意味着机械化程度的提高，这（通常）将农业成本从劳动力转移到资本。南部非洲地区的许多商业农民难以获得这方面的资源。第二个影响是，机械成本很高，而且还在不断上升，此外还必须加上燃料、化学品、服务、劳动力和信贷费用的上涨。到 20 世纪 90 年代，由于技术进步和世界范围的竞争，农产品价格下降，使这一问题更加复杂化。因此，自 20 世纪 60 到 70 年代以来，一袋玉米的平均价格上涨了两倍到三倍，而同一时期，拖拉机的价格也上涨了 8 倍以上。然而，过去五年来，粮食价格和其他农业商品价格一直在上涨。农产品也受到气候变化的不利影响。90 年代，影响南部非洲区域的干旱使粮食和其他商品可以从其他地区以更便宜的价格进口，因此损害了当地商业农民的利益。2010 年发生的洪水有可能以类似的方式对农业产生不利影响。

现在让我们仔细看看什么样的人在从事商业性农业，以及他们是如何经营的。两个最重要的人群是农民自己和他们的农场工人。在此，我们主要关注他们的组成和他们在日常生产中面临什么样的挑战。

商业农场主

从事商业性农业经营的大多数人都把自己的企业经营成家庭农场。高松等人（Gasson et al.，1993）认为家庭农场包括以下要素：

> 企业所有权，结合企业负责人手中的管理控制权；企业负责人都是亲戚；家庭成员，包括企业负责人在内的均从事劳动；家庭成员，包括为农场提供资本的负责人；农场企业的所有权，比如其管

理控制权，确实代代相传；以及全家人生活在农场（Gasson et al.，1993，第18页）。

纳米比亚大约有2000名小型家畜饲养者和约2500个养牛场主和大约500名精耕农（Mendelson，2006）。此外，一些新兴农民受益于土地重新安置和平权行动政策。

生产力提高：自20世纪70年代以来，纳米比亚农业生产增长缓慢。许多种植经济作物的农民多样化种植各种作物，提高了作物效率。门德尔森（Mendelson，2006）认为，集约农业的多样化是由于纳米比亚实现了独立。农民有积极性种植新作物，如食用葡萄；捐助基金也鼓励农民种植枣树等新作物；政府通过鼓励灌溉计划（通过绿色计划）促进粮食生产的自给自足。几乎一半的水果和蔬菜出口到南非（Mendelson，2006）。他们扩大了化肥和化学品、杀虫剂、农用机械甚至高产作物品种的使用。但是，在纳米比亚，用来灌溉农田的水和抽水用的电非常昂贵。其他费用包括化肥、农用机械、燃料、农药、种子、产品包装、市场运输和劳动力等投入（Mendelson，2006）。

在商业性养牛方面，农民的牧群数目相对稳定，在210万至250万头之间（Mendelson，2006，第10页）。根据门德尔森（2006）的说法，目前大多数养牛的农民来自农业家庭，他们通常在农业领域接受过一些高等教育，因此在水、牲畜和牧场管理上有丰富的知识。他们优化牛的繁殖，为其治疗疾病并营销他们生产的牛肉。他们必须做出许多复杂的决定，"卖什么东西，什么时候卖……当前的价格、预期的需求、放牧条件和将牲畜饲养到一定重量的成本，都必须考虑在内"（Mendelson，2006，第46页）。养牛业的成本包括牛疫苗的接种、草场种植、更换牛所需成本、舐盐、牛饲料、基础设施成本、电力和燃料等。据说劳动力成本占纳米比亚商业农场总成本的16%—18%（Werner，2004）。奇里博加等人（2008）还谈到荒漠化、全球变暖和干旱对纳米比亚养牛业的威胁。他们还特别提到，灌木丛对牧场和农田的侵占使养牛农民的成本大幅度增加：

灌木丛蔓生侵占土地提高了商业农场主的经营成本，降低了他们的净收入。纳米比亚的平均商业农场面积约为8800公顷，这意味着农民每年要花费 26000 纳元来清除灌木丛，这笔钱相当于一个农场平均总成本的 7%……对于一个中型商业农场（8800 公顷）来说，需要雇用 4 个全职工人，每个工人每年可以除去 47 公顷的灌木丛。此外，每名工人每月平均需要挣 600 纳元，不然不会有人愿意做这份工作，这让商业农场的成本每年要增加 28800 纳元或每公顷要增加成本 3.6 纳元（Chiriboga et al.，2008，第 17 页）。

雪邦（Sherbourne，2003）把纳米比亚的养牛业称为"富人的爱好"。门德尔森（Mendelson，2006）对于小型家畜饲养者的理解是其农场面积从 7000 公顷到 15000 公顷不等。小规模的商业农场主完全依靠这种活动赚取收入。他们中大多数人接受过文化或技术方面的高等教育。

纳米比亚的农业工人

商业农场主必须雇用工人。这些工人以长期、季节性或临时的方式被雇用。他们在农场劳动，做各种各样的工作。农业仍然需要大量的手工劳动，因为与其他经济部门相比，农业技术和组织仍然是很传统的。农作物农场工人必须参与农作物的种植和收割。他们负责清除杂草、施用化肥和农药、灌溉庄稼。那些在畜牧农场工作的人除了要饲养牲畜外，还必须准备动物产品在市场上销售。

正如霍德森和沙利文（1995）所言，农业劳动是边缘工作。边缘工作是指"在很大程度上偏离了所在社会的就业规范"（Hodson and Sullivan，1995，第 361 页）。根据霍德森和沙利文的说法，"正常"工作通常是合法的，在体制上是正规的、稳定的，至少可以维持生计。农场工作在这几个方面是边缘化的。大多数农业工作是低技能的，因为这个行业的工作很少需要几年的正规教育。大多数农场工人在工作中学习。农场工作可能有危险，因为它涉及使用农药，甚至有时还用到一些危险设备。农场工作具有不稳定性，也不那么正规。在干旱时期（在纳米比亚常常发生），农场主除了裁员别无选择；当庄稼收成不好、价格暴跌时，农场主不得不再次裁员。不稳定也是农业经济的一个特征（Hodson and Sullivan，1995），农场主只有在雇用劳动力的方式上灵活些，才能盈利。

在高峰时期雇用劳动力对他们来说是有经济意义的。因此，许多农场工人每年只有部分季节受雇。农场上的许多工作由于报酬低而难以维持生计。因此，"实际上，农业劳动者从日出到日落一直工作，但没有足够的收入养活自己"（Hodson and Sullivan，1995，第369页）。

纳米比亚的劳动法没有充分保障家政工人和农业工人的权益。因此，工时、报酬、人身安全和其他工作问题完全由个体务工农民自行决定。此外，农业工人是最难以组织的职业群体之一，因为工会本可以捍卫他们的权利和工资，但农场工人受雇于个体农场主（他们只能雇用少数人），因此他们彼此过于孤立；同时，由于他们缺乏正规教育，又缺乏可支配收入，所以也没有人愿意将他们组织起来。这一切的结果是，农场工作者甚至比失业的人地位还低。在纳米比亚，我们可以找到一些研究农业工人的例子。我们现在看看其中的一些例子，以说明那些以种地换取报酬的人的生存状况。

农场工人是纳米比亚社会中的弱势群体。农场工人的正式定义是从事不同职业的有偿雇员。它们包括以下职业群体：商品蔬菜种植者和作物种植者、以市场为导向的动物制品生产者和相关劳动者、以市场为导向的农作物和动物生产商、林业和相关工人、渔业工人、打猎人和捕猎者、自给农业和自给渔业工人，以及与农业、渔业相关的劳动者（CSO，1995，第257页）。从这个定义中，我们可以看到这是一个多元化的群体，这个群体约有33000人。在纳米比亚，关于农场工人的首批权威著作是由中央统计局完成的《家庭收入和支出调查（1995）》。根据这项调查，90%的农业工人是农村居民，大多数纳米比亚农民住在南部和中部地区，绝大多数农场工人是男性，只有7%是女性，约75%的农场工人年龄在15至44岁之间（CSO，1995）。因此，参与农业劳动的人正处于生育能力最强的年龄段。大多数农场工人受雇于纳米比亚中部的商业牧场。这反映出纳米比亚是撒哈拉以南最干旱的国家，夹在纳米布和卡拉哈迪沙漠之间，种植农作物基本上是不切实际的想法，该国大部分粮食，蔬菜和水果不得不从他国进口。畜牧业是蓬勃发展的农业产业，农场工人是纳米比亚社会群体的一个重要部分，因为约有12.7万人属于农场工人家庭，占该国总人口的8%（UNICEF，1995，第41页）。农场工人从事这种职业的原因之一是他们受教育程度低。家庭收入和支出调查中估计，44%的农场工人根本没有受过正规教育，只有大约18%的人上过中学（CSO，1995）。勒博（LeBeau）早期的一项研究将失学农场工人中成年人的教育程度与其他居民点的人进行了比较，她的发现与家庭收入和支出调查结果相吻合。相比其他成年人，农场工人没有或只受过初等教育的可能性更大（LeBeau，1993）。儿童基金会认为，正是由于缺乏教育，农民及其家庭成员无法改善其地位。大多数农场工人没有接受非正规教育的机会，而非正规教育可以提高他们的教育水平。教育是赋予农民权力的重要途径，它将使农业工人能够按照国家劳动法来争取自己的权益。教育还有助于他们寻找更好的就业机会。教育的缺失也延伸到农场工人的家庭，勒博（1993）发现，在纳米比亚，农业工人的子女在教育方面处于更加严重的边缘地位，有数据表明94%的农场工人子女没有受过教育，47%的农场工人家庭有一个或更多的学龄儿童没有上学。因此，农场工人子女似乎承袭了其父母的教育水平，也承袭了其他不利条件。

儿童基金会（1995）表示，一项有力的国际公认贫穷指标是某一家庭的食品消费比例。如果食品消费占家庭总消费的比例超过60%，那么这个家庭就是贫困家庭；如果这个比例在80%左右，该家庭被认为是极度贫困的。家庭收入和支出调查发现，农场工人的食品消费占比平均为52.8%，纳米比亚超过55%的农场工人家庭的食品消费占比为60%或以上（CSO，1995）。这个比例比纳米比亚农村地区高得多，这表明农业工人是该国最弱势的群体之一。纳米比亚农场工人的人均消费为1377纳元，与农村地区的平均水平非常接近（当时约为1246纳元）。这与该国的人均收入（平均为3073纳元）和城市居民的人均收入（人均6676纳元）相比很低（CSO，1995）。这些指标都证实农业工人处于贫困状态。

琼斯和马斯卓普（Jones and Maasdrop，1994）进行的一项小型调查证实了20世纪90年代农场工人的生存状况。他们从霍赫费尔德周围的农场收集了定性数据。霍赫费尔德是位于奥卡汉贾中心城镇附近的一个定居点。他们的样本包括20名农场工人，其中三名是女性，三人中的两个是户主，他们都属于当地的农场工人协会。根据琼斯和马斯卓普（1994）的研究，这个样本中的农场工人工作、生产和生活情况是由雇用他们的农场主决定的，他们饲养牲畜所用的耕地、房子的大小、盖房使用的建筑材料、他们得到的收入、他们使用的水等都是由农场主决定的，他们自己劳动的方式、子女的教育以及他们所拥有的物质财富也由农场主决定。此外，雇主有权决定农场工人的家庭成员是否可以在农场居住。虽然1990年这里独立了，但农业工人似乎被忽略了。农场工人处在这种生活现状的部分原因是他们居住在该国一些最偏僻的地方，这些农场工人虽然个人可以向任何雇主自由出售他们的劳动力，但无论工作如何不称心，他们都没有能力脱离这些工作。这是因为农场工人都没有一技之长，没有受过教育，没有资源去寻找更好的工作。琼斯和马斯卓普发现，农场工人家庭的男孩，尤其是在农场长大的男孩，在农场主眼里是很有希望接替父母成为农场工人的。结果是同一家族中一代又一代的人都在农场工作。西尔万（Sylvain，2001）证实了父权和家长制的原则在纳米比亚东部的奥玛赫科商业农场上构建了农民—农场工人的关系。她发现，这种家长式的管理方式根据阶级、年龄和意识形态的不同而不同。一些农场主为农场工人子女提供交通、学校农场或支付他们的学费，但有些农场主则不提供，工人们依靠农场主的善行来区分其好坏。西尔万（2005）发现，农场工人的待遇因族裔不同而不同。因此，桑族人的工资要低于非桑族人，在农场遇到诸如干旱造成的市场和/或生产条件较差的情况时，桑族人最先遭解雇。德比尔斯等人发现在纳米比亚，大多数商业农场工人很少或根本得不到像样的医疗保健服务，包括与艾滋病毒/艾滋病有关的医疗服务。

农场工人如何应对自己的这种弱势？琼斯和马斯卓普（1994）表示，他们中的许多人依赖亲属为他们提供衣物及所需要的其他东西。家庭收入和支出调查显示，平均而言，农场工人家庭的规模较小。所有农场工人家庭中有1/4只有一到两名成员，有62%的家庭少于五人（UNICEF，1995，第41页），造成这种规模的原因是农场主禁止雇员带家人到农场来。这也是一种应对策略，因为农场的工资很低，没有经济来源的家属被送到亲属那里以维持生计。

根据儿童基金会的调查，自独立以来，农业工人的弱势地位有所改善。这是因为1992年通过的国家新《劳动法》将农场工人和家庭雇工置于与国内其他雇员同等的地位。特别是，这些工人群体现在没有被排除在法定解决争端程序和影响就业条件的最低标准之外。但正如焦奇（Jauch，2008）所指出的，1992年的法案没有规定最低工资或产假。最低工资是后来开始实行的。根据卡拉马塔（Karamata，2006）的统计，尽管大多数农场主声称自己支付了最低工资，但纳米比亚只有略多于一半的农场工人知道有最低工资。根据《劳工法》，农场工人在理论上受到保护以免遭受虐待，农场工人的雇主必须为农场工人家庭提供适当的住房、水及卫生设施，农场工人必须得到能够满足家庭需要的口粮。工会在一定程度上也管农业工人的事。因此，在独立之后，纳米比亚全国工人联盟立即协助组织农场工人。但尽管做出了这些努力，农业工人工会的密度仍然非常低，在遥远的农场执行立法仍然是纳米比亚的一项艰巨任务。虽然名义上农业工人的工资有所提高，但仍落后于大多数职业群体。卡拉马塔（2006）发现商业农场工人月平均收入为300至600纳元。在70%的农场，工人们一直受到语言或身体上虐待，64%的农业工人根本不知道有工会，许多人的工作时间超过了每周40至45小时的标准工作时间。贫困仍然是农业工人的显著特点，卡拉马塔（2006）发现商业农场工人70%的工资花在了食物上，26%的人住在铁皮搭建的棚屋中。

概念回顾	
·农业	·农场工人
·灌木丛侵占土地	·大规模粮食生产
·商业农场	·混合农业
·合同农业	·种植园
·种植业	·经营大牧场（牛及小牲畜）
·乳制品业	·自给（集体）农业
·农民	

新出现的问题

一个社区或国家的经济可分为几个类型：开采资源、生产、分配和服务。开采资源包括采集自然资源，诸如伐木、收割作物、饲养牲畜、捕鱼和开矿等。在采掘企业中，产品可以通过各种方式从土壤或环境中移走。移除过程可能简易，也可能复杂，但是最终的产品保留着很多它在自然环境中的特征。南部非洲农村地区最主要的经济活动是采掘业。迄今为止，最重要的采掘活动是农业。

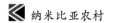

我们所说的农业是指为了种植粮食和其他作物以及/或饲养牲畜而围绕土地耕作的活动和实践。在商业农业中，这样种植的作物和饲养的牲畜主要在国内或国际市场上出售。莱勒（1991）表示：农业是撒哈拉以南非洲的命脉，它不仅是就业、收入、出口、储蓄、政府财政收入和工业原材料的来源，而且也为其他部门生产商品和服务提供了市场。

虽然农业部门的生产率仍然很低，大多数人仍然从事自给农业，但整个农业（包括商业农业）面临着成本上升和价格下降的问题。这是因为农产品本身是不稳定的，因为它们高度依赖于多变的天气以及区域和国际市场的竞争。

农场主：有些农场由工业企业经营，有些由家庭经营。本章详细介绍了商业农民面临的问题：农业生产力的提高与使用高产作物品种、机械化程度以及化肥和化学品的使用有关。农场主面临着汽油、灌溉和进口投入成本上升的问题。由于生产成本的提高，部分农场主无法靠农业生存，而那些勉强可以生存的农场主则要依赖于信贷。许多年轻农场主正在离开农场，有些留下来的人必须依靠经济援助才能生存。正是在这种情况下，黑人农场主开始从事商业农场生意。

农场工人：商业农场主必须雇用工人。这些工人以长期、季节性或临时的方式受到雇用，他们在农场劳动，做各种各样的工作。大多数农业工作是低技能的，因为在这个行业的工作很少需要超过几年的正规教育，大多数农场工人在工作中学习。农场工作可能有危险，因为它涉及使用农药，甚至有时还用到一些危险设备。农场工作存在不稳定性，也不那么正规。在干旱时期（在纳米比亚常常发生），农场主除了裁员别无选择。农场主只有在雇用劳动力方式上灵活一些才能盈利。南部非洲的劳工法没有充分支持或涵盖家庭雇工及农业工人。因此，工时、报酬、人身安全和其他工作问题完全由个体农场主自行决定。本章围绕南部非洲农场工人展开了深入讨论。

参考文献

Abate, A., S. Dima, S. Lipinge, E. Lutaaya, A. Mosimane, P. Mufune and B. Otaala; 2001: *Understanding The Impact And Expanding The Response*

Of The Farming Sector To HIV/AiDS In Namibia, FAO, Rome.

Brown, L.；2009：*The Economic Impact of Climate Change on Commercial Agriculture in Namibia*, Namibia Nature Foundation Windhoek.

Central Statistics Bureau (CSB), 2008：*A Review of Poverty and Inequality in Namibia*, CBS Windhoek.

Central Statistics Organization (CSO), 1995：*Household Incomes and Expenditure Survey (HIES)*, Central Statistics Organization, Windhoek.

Chilonda P.；2009：*Agriculture Sector Performance in Southern Africa Regional Strategic Analysis and Knowledge support System Pretoria.*

Chiriboga, L., C. Kilmer, R. Fan and K. Gawande；2008："Does Namibia have a Comparative Advantage in Beef Production Bush School", working paper No. 610, Bush School of Government, Texas A. & M. University Texas.

De Beer I., Coutinho H. M., Guariguata L., Fortsch H. H. T., Hough R., Rinke de Wit T. F.；2011："Health Care Options for Commercial Farm Workers in Namibia", *Rural and Remote Health*, http://www. rrh. org. au.

Hodson, R. and T. Sullivan, *The Social Organization of Work*, Wadsworth 1995.

Jauch H.；2008. "Between Revolutionary Rhetoric and Class Compromise：Reflections on , Namibian Labour Movement", LaRRI, Windhoek.

Jones L. A. and M. Maasdoorp；1994：*Missing Youth：An Investigation of Non-attendants, Over-age Earner's Drop-outs of Primary Schools in Namibia.*

Karamata, C.；2006：*Farm Workers in Namibia：Living and Working Conditions*, LaRRi, Windhoek.

Lele, U.；1991：*Aid to African Riculture：Lessons from Two Decades of Donor Experiences*, The John Hopkins University Press Baltimore LeBeau.

Lowe R.；1986：*Agricultural Revolution in Africa*, McMillan Publishers London.

World Bank；1989：*Sub-Saharan Africa：From Crisis to Sustainable Growth*, IBRD Washington.

Mendelson et al.；2006：*Farming Systems in Namibia RAISON*, (Research &

Information Services of Namibia) Windhoek.

Ministry of Agriculture Water and Forestry (MAWF); 2009: *Agricultural Statistics Bulletin (2000 - 2007)*, Windhoek.

Food and Agricultural Organization (FAO); 2002: *The State of Food Insecurity in the World 2001*, Rome.

Sylvain, R.; 2001: "Bushmen Boers and Baasskap: Patriarchy and Paternalism on Afrikaner Farms in the Omaheke Region, Namibia", *Journal of Southern African Studies*, Vol. 27, No. 4, pp. 717 - 737.

Sylvain, R.; 2005: "Disorderly Development: Globalization and the Idea of 'Culture' in the Kalahari", *American Ethnologist*, Vol. 32, No. 3, pp. 354 - 370.

Teshirogi, K.; 2010: "Commercialization of Communal Livestock Farming and Natural Source Use in Former Damaraland, North-western Namibia", Proceedings of the International Symposium on the Dynamics of Socio-economic Changes in Local Societies in Southern Africa: The Challenges of Area Studies UNAM 20th, November.

Werner, W.; 2004: "Promoting Development Among Farm Workers: Some Options for Namibia" in Hunter J. (ed.), *Who Should Own the Land*, NID Windhoek.

World Bank 1986. Poverty and Hunger: *Issues and Options for Food Security in Developing Countries*, Washington D. C.

World Bank; 2008: Agriculture for Dvelopment, World Development Report, Washington D. C.

第七章

纳米比亚农村发展的作用和目标

概念背景

什么是发展？有一些"发展"方式与我们本章讨论相关。其中三个相关方式分别为：现代化理论、人力资本理论与依赖性理论。

现代化理论

现代化可以看作随着传统社会转变为工业社会而发生的一系列复杂的社会结构变化。因此，现代化是一种二分模式，在这种模式中，某些特征指向传统社会，而另一些特征则指向一种现代状态。现代化指出了定义社会变革的某些特征。根据古尔德（Gould，1997）的观点，这些特征包括：社会行为的个性化，工具性和功利行为的增加，世俗主义的加强，社会管理结构的法律理性化，人类对自然控制的日益增强以及市场在社会关系中的主导地位。此外，正如古尔德（1997）所说，一些作者用非社会经济变量表示现代化。这些变量包括个人自由、问责制和民主。现代化理论的支持者提倡竞争性工业主义和企业伦理的传播，并将其作为发展动力（Webster，1990）。从政策规定上看，现代化的优先顺序如下。

· 鼓励在第三世界国家进行国际贸易和外商直接投资。

· 作为一项短期措施向发展中国家提供外国援助。然而，随着各国越来越现代化，这种措施应当逐渐减少。在 20 世纪 50 年代和 60 年代，人们显然认为，摆脱不发达的道路是推行西方经济和社会发展模式。援助是这一进程中的一个重要方面，如建造水坝和道路、在农业中使用拖拉机和化肥、修建学校等。人们假定，一旦他们追随美国或英国的脚步，他们的国家就会有所发展，但事实并不完全像设想的那样，因此现代化理论家现在对援助更加谨慎。

·鼓励发展现代意识和创业精神，以创造适当文化来支持蓬勃发展的现代经济体制。

·促进市场发展，为发达国家的制造业产品提供了市场。正如威利·勃兰特（当时的西德前总理）所说的那样，世界是相互依存的，"没有北方，南方就无法充分发展，除非南方取得更大进步，否则北方就无法繁荣或改善其状况"。

·在世界范围内，让自由市场资本主义取得胜利。如果政府进行干预，也应当是负责任地进行干预，以调节世界经济中不时发生的失衡。

对此观点持批评态度的人士指出，这种方法的"版本"可以是民族中心的，也可以是以西方为中心的。人们一直将这种方法等同于西方化，但因为西方化不是一个普遍的过程，所以不能将这种方法等同于西方化（Eva Etzion – Halevy，1981）。尽管它利用了现代加传统的双重性，但社会从传统走向现代的动力是什么却并没有得到充分的说明，人们不清楚能否在现代中找到传统（Frank，1975）。取代传统并不总是能导致现代化，也可能会导致混乱。现代化理论过于关注价值观、规范和态度，而牺牲了社会条件。除了承认创新、思想和技术的传播，现代化理论将社会看作是孤立存在的，没有注意到西方和非西方国家都是国际势力网络中的一部分。因此它可能会将发展不充分归咎于其受害者。

人力资本理论

资本是指能够生产其他资源的资源（Flora et al.，1992）。人力资本实际上是指人们投资于活动的知识、技能和才能。人力资本的意义在于，对人的投资可以增加他们的才能、技能和知识，而这些才能、技能和知识反过来又可以产生现有资源之外的资源（Schutz，1961）。人力资本理论（HCT）并不是新提出的概念，早在1776年，亚当·斯密就写道：

"一个以大量劳动和时间为代价接受教育的人……可以比作一台昂贵的机器……他学会做的工作……超过普通劳动的正常工资将偿付他的全部教育费用。"（Jasford and Tzannolos，1993，第69页）美国经济学家史高斯和贝克尔也在他们的著作中提到了人力资本理论。人力资本是指个人在生命周期内获得的能力（技能、资历、经验等）的总和，并且可以将其出售给雇主。人力资本理论可以定义为这样一种观点，即经济发展依赖于人力资本，人力资本是有意识的培训计划的结果，对培训计划的投资最终将产生有效的工业企业和相关支持系统，从而提高一个社会的生产力和生活水平。

人力资本理论设想人们在组织的不同层次得到不同程度的重用是由于他们拥有不一样的才能。最有资历的人获得对技能和知识有更高要求的职位，不同职位的不同报酬有助于激励个人表现得更好。人力资本理论的重点是发展进程中人力的生产能力。有人认为，当一个国家提高其劳动力的技能时，是在从事某种形式的资本投资，以发展的形式产生红利。在宏观层面，人力资本投资是提高企业生产率的有效途径，而在微观层面，这种投资可以带来个人成就和经济上的成功。正如舒茨（Schutz，1961）所说，教育不仅仅是一个消费问题，而是一项生产性投资，它改善了个人的选择，受过教育的人口是工业和经济增长的必要条件，因此，缺乏技能是现代化和经济发展的障碍。著名经济学家桑杰·拉尔（Sanjay Lall，1989）表示，工业发展的效率和结构与特定国家的技能禀赋（即人力资本）有关，他认为小学教授的基本识字技能创造了简单的劳动技能，虽然它与工业企业的运作有关，但更适用于低水平技术和/或小规模工业活动的初级水平，随着工业企业日益复杂，高等教育（即中等、职业教育和大学教育）变得越来越重要，在高科技产业的技术前沿，需要对先进技术的专门培训。拉尔（1989）还认为，创造人力资本不仅是在正规学校，而且还在就业期间。这要怎么做呢？在就业期间，一些技能是通过简单的生产过程获得的；还有一些技能是在公司之外通过正式培训创造的。拉尔通过使用来自四个东亚国家或地区（即中国台湾、韩国、中国香港和新加坡）、两个拉丁美洲国家（即墨西哥和巴西）、一个非洲国家（即肯尼亚）和三个南亚国家（即印度、印度尼西亚和泰国）的数据说明了人力投资和工业成就之间有所联系。拉尔的数据显示，从20世纪60年代开始，东亚国家有了庞大的人力资本投资，他的结论是，这些国家和地区非常强大的经济表现与他们的人力资本投资有关，他给出的政策建议是，由于劳动力质量是决定性的因素，因此各国应对教育方案进行大量投资，如果想要发展，就应该加强正规学校建设以及岗位培训方案。

对人力资本理论持批评态度的人士指出，在微观（个人）层面，实际上没有办法知道教育和其他人力资本投资对提高收入和生产力的实际贡献（Jenks，1977）；雇主也没有办法知道每个员工对组织的生产力有什么贡献。因此，我们不知道拥有更多人力资本的人是否更具有生产力。在微观层面，人力资本在预示个人成功方面可能与家庭背景和先天能力一样重要。个人成就受到经济、政治和社会制度的影响。举例来说，如果你是殖民时期的纳米比亚黑人，人力资本便不会对你的职业成就有多大帮助。在宏观层面上，人力资本理论不能表明我们如何能够恰当衡量教育对劳动质量产生的影响。许多人力资本理论家认为教育代表着无法解释的剩余变量。我们怎么知道的？经济学家马克·布劳格认为，人力资本理论中的剩余确实代表了一定程度的不确定性。筛选假说指出，学校会颁发证书帮助持有证书的人找到更好的工作，但对社会的回馈则微乎其微。因此，教育作为就业前的初始筛选手段比作为促进发展的方式更为重要。

依赖性理论

依赖性理论可以定义为这样一种观点，即欠发达国家发展不足在很大程度上是由于它们依赖工业发达国家和跨国公司，这些国家和公司在稳定的投资环境中只要有既得利益，就不管当地、社会和政治成本如何（Colhoun et al.，1997）。依赖方法主要的分析单位是世界，或者更具体地说，是世界资本主义制度。这个制度据说是从西方通过贸易和探索将世界其他地方纳入一个单一的国际贸易体系开始的。现在，每个国家都是这个贸易体系的一部分，这个体系中有核心国家和外围国家。核心国家是为全球生产提供大部分管理、融资和机械的富裕工业国家（Colhoun et al.，1997）；外围国家处于全球资本主义经济的边缘，其作用是提供原材料和购买少量消费品。发展和欠发达是同一个过程的不同阶段。发

达国家的发达和欠发达国家的不发达都是通过同样的资本主义扩张过程
在全球范围发展。资本和其他形式的盈余被认为是从不发达国家转移出
来，投资于发达国家的制造业，从而造成了一端的发达和另一端的不发
达。世界资本主义制度中存在着某些导致不发达的机制，其中最重要的
是不平等的交换制度，即来自欠发达国家的货物和商品的价格低于生产
它们所需要的和低于发达国家的制成品价格。多年来，发达国家和欠发
达国家之间的贸易条件对欠发达国家来说越来越不利。另一种导致不发
达的机制是跨国公司，通过跨国公司，利润不是用在当地投资，而是从
欠发达国家流出，为了吸引跨国公司，欠发达国家人为压低工资，跨国
公司还受到低出口费、退税和与雇员权利和环境有关的最低限度立法的
吸引，所有这些都会对欠发达国家产生影响。精英和普通人之间的差距
由于这些原因而扩大，导致社会动荡，因此必须消除这些原因。许多不
发达国家没有民主的政治体制，它们的社会福利计划也不够充分，他们
中的许多人正在经历环境灾难。对发达国家的依赖会限制和扭曲欠发达
国家的发展，这不能促进均衡发展，因为它以牺牲全体人口为代价来造
福当地精英。此外，发展援助延续了不平等。支持依赖性理论的人倡导
的政策中与发达的北方联系较少，因为南北之间更大的合作将推动资本
主义更深入南方，这将以牺牲发展为代价。不发达是这些联系的结果，
联系导致不发达国家的盈余转移到发达国家。

从依赖性出发提出的其他政策建议包括：（1）不发达国家应脱离
北方较发达国家，因为它们的不发达是它们与这些国家联系的直接结
果。（2）最不发达国家应挑战当前的世界秩序，消除其精英统治，因
为精英阶层与发达北方的联系使依赖关系和严重的内部不平等永久化。
（3）应加强最不发达国家之间的联系。这种联系可能涉及文化、工业
或贸易。这种想法是让不发达国家之间联系起来，使它们能够建立有
效的工业基础。（4）应鼓励最不发达国家在个人和集体层面自力更生。
这种自力更生将帮助不发达国家建立信心并提高发展所需的技术和管
理技能。

对依赖性方法持批评态度的人士指出以下几点：（1）这些理论家对
发展的定义是模糊不清的，甚至对依赖性的定义也不清楚。似乎在依赖
性理论中，如果国家不依赖就是发达国家，如果依赖了就是欠发达国家，
这是一种循环推理。（2）尽管依赖理论认为依赖于精英是导致不发达问

题的部分原因，但很少有人讨论政治、阶级和意识形态在依赖理论中的作用。（3）依赖理论不一定比别的理论好，因为它同现代化理论如出一辙。现代化理论家坚持认为，国家只有现代化才能发展；而依赖理论家认为，如果一个国家有依赖性，它就不会发展。（4）依赖国是否有可能发展？依赖理论家在讨论这个问题时感到不自在，因为东南亚新兴工业化国家或地区的例子并不那么符合依赖理论的主张。

"发展"一词在社会科学家当中争议很大，这个概念没有明确的意义。在上述三种发展方式中，发展似乎是指提高生产力和生活水平的过程。实际上，发展意味着让更多的人更长寿、有更充裕的食物、更好的教育、更好的住房，甚至有更多的消费品。这三种发展方式的区别在于如何实现发展。

什么是农村发展？

对农村而言，发展只是指提高农村地区和农村社区人们的生产力和生活水平的过程。实际上，发展意味着使农村人口能够有更长的寿命、更充足的饮食、更好的教育、更好的住房甚至有更多的消费品。据纳米比亚共和国政府称，农村发展是纳米比亚当前发展计划的核心。因此，"国家第三发展计划的主题是加速经济增长和深化农村发展"（GRN，2008，第14页）。根据这一主题，政府将失业和贫困确定为农村地区面临的主要问题，必须通过农村发展行动计划和战略加以解决。纳米比亚的农村发展概念借用了现代化理论、人力资本理论和依赖性理论。为此，它侧重于通过创业和社会管理结构合理化（现代化）来改变农村传统结构；将培训方案和对培训方案的投资作为提高生产力（依据人力资本理论）以及个人和集体层面的自力更生和增强权能的一种方式，以此建立信心并提高发展所必需的技术和管理技能（减弱依赖性）。纳米比亚政府认为，农村发展是指：

> 通过向农村社区提供基本社会和经济服务来改善农村生计的干预措施。这种服务可以由公共部门和私营部门提供，包括营利和非营利组织。至关重要的是，它涉及营造一个政治、法律、经济和服

务环境，可以让农村人和社区有机会并有能力承担自己的发展（GRN，2008，第221页）。

除此之外，该观点还坚称：

　　任何农村发展战略都是双管齐下的，涉及决策者和提供服务者以及受影响的人自身。农村发展虽然侧重于较贫穷或弱势的人口群体，但并不仅仅侧重于穷人，而是通过多种方法减少贫困，让每个人都有机会参与并从资源和服务中受益。农村发展和农村地区的减贫有一系列特殊的情况和挑战，必须以协调一致的方式加以应对。要考虑到农村地区有时非常不利的自然、社会和经济条件（例如土地使用权、政府服务、土壤生产力低、降雨量少且不可预测、饮用水供应有限、离市场和服务中心距离远、缺乏电力等等）。必须认识到农村发展因区域条件和潜力而面临十分具体的问题。纳米比亚农村还有许多共同的基本问题必须解决，包括获得教育和公共医疗卫生服务的机会有限、创收机会有限等（GRN，2008，第221页）。

纳米比亚政府认识到，某些群体对农村发展至关重要。农村妇女和青年这两个群体是需要增强权能。为此目的，纳米比亚政府认为：

　　所有方案都应关注妇女的需求和实际条件以及影响农村社区的艾滋病毒/艾滋病问题，并倡导更便捷的预防、治疗和护理设施。损害农村人生计的公共政策问题，以及农村发展项目需要加强宣传的问题，包括妇女土地权和继承权、获得政治和社区参与的机会（发言权）、女童受教育权、功能性读写和成人读写能力以及获得性和生殖相关的保健设施的途径等问题（GRN，2008，第222页）。

纳米比亚的全国青年政策谈到了居住在该国偏远地区的大多数年轻人的全面发展问题，政策表示这些年轻人代表了未来的农场家庭。

非政府组织和一些私营部门公司也与农村社区有联系，并表示要促进农村发展。纳米比亚政府大多数部委都与农村社区合作（GRN，

2008），包括农业、水和林业部（粮食安全、营养和农村供水），卫生和社会服务部（粮食安全和营养），土地和重新安置部（重新安置），教育部（教育和培训部），工程、运输和通信部（农村支线公路），贸易和工业部（农村中小企业促进），环境和旅游部（保护），矿业和能源部（促进小型矿工、可再生能源）以及渔业部（内陆渔业/水产养殖业）。地方政府、住房和农村发展部也设有一个专门机构，聚焦农村发展及相关规划问题，并负责国家权力下放的过程。

纳米比亚虽然没有制定总体性的农村发展政策或战略，但纳米比亚政府大多数部委都制定了与农村发展议程有关的政策和战略。这些措施包括：

·1995 年国家农业政策和战略；

·1998 年纳米比亚国家减贫战略；

·2001—2005 年国家减贫行动计划；

·1996 年促进可持续人类发展的国家人口政策；

·1998 年国家防灾减灾计划；

·1997 年国家应对干旱政策；

·1997 年国家性别政策；

·国家青年政策；

·1995 年基于社区的旅游发展政策文件；

·1995 年国家粮食安全和营养政策；

·1995 年国家粮食安全和营养行动计划；

·权力下放政策；

·国家安置政策；

·国家就业政策和劳工政策。

如表 7-1a 和表 7-1b 所示，以下是纳米比亚农村发展基本目标。

1. 提高农业生产力和粮食安全。1995 年以来农业和水利发展部颁布了《国家农业政策和战略》以及《种子政策草案》，两者都非常明确地将提高农业生产力作为农村发展的主要目标。《国家农业政策和战略》指出，"国家农业政策的总体目标是在纳米比亚脆弱的生态系统背景下，提高和维持农业生产力、农业实际收入以及国家和家庭粮食安全水平"（农业和水利发展部，第 5 页）。同样，《2001—2005 年国家减贫行动计划》也谈到提高小规模社区农民的生产力，总体而言，与农村发展相关的四项主要国家政策将农业生产力列为主要目标。

表 7-1a　　　　　　　　　国家政策及农村发展目标

政策	农村发展目标					
	提高农业生产和粮食安全	减轻贫困并为农村人口提供就业机会	提升农村社区环境	为农村地区提供公共基础设施和管理	缩减城市与农村收入和经济机会上的差距	加强技术作为提高生产力手段的作用
1995 年国家农业政策和战略	X①	X	X	X	–	X
种子政策草案	X	X	X	X		X
1998 年纳米比亚国家减贫战略；2001—2005 年国家减贫行动计划	X	X	X	X	X	X
1998 年国家防灾减灾计划	–	X	X	X		–
1997 年国家应对干旱政策	–	X	X	–	X	–

表 7-1b　　　　　　　　　国家政策及农村发展目标

政策	农村发展目标					
	提高农业生产和粮食安全	减轻贫困并为农村人口提供就业机会	提升农村社区环境	为农村地区提供公共基础设施和管理	缩减城市与农村收入和经济机会上的差距	加强技术作为提高生产力手段的作用
1997 年国家性别政策						
国家青年政策						
1995 年以社区为基础的旅游发展政策文件	–	X	X	–	–	–

① 原文即如此，下表同。

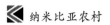

政策	农村发展目标					
	提高农业生产和粮食安全	减轻贫困并为农村人口提供就业机会	提升农村社区环境	为农村地区提供公共基础设施和管理	缩减城市与农村收入和经济机会上的差距	加强技术作为提高生产力手段的作用
1995 年国家粮食安全和营养政策；1995 年国家粮食安全和营养行动计划；2007 年国家食品安全计划	X	X	X	X	–	X
权力下放政策	–	X	X	X		
国家重新安置政策						
国家就业政策和劳工政策	–	X	X	–	–	X

2. 减轻贫困以及向农村人口提供就业机会。扶贫被列为九项与农村发展相关的主要国家政策的主要目标。《2001—2005 年国家减贫行动计划》指出，减贫需要针对城市和农村贫困社区做出努力，以增加这些社区获得资源或收入的机会。减贫计划提出了实现这一目标的三个主要领域：（1）由于大多数贫困农村社区仍然依赖农业，农业部门应该持续发展并增加多样性；（2）促进旅游业并提升贫困社区人口旅游业的参与度；（3）促进中小企业的发展（NPCS，第 39 页）。减贫战略指出，农村贫困问题值得特别关注，因为它提出了面对这一问题所必须应对的独特环境和挑战，其中包括有限的基础设施和政府服务、就业和经济发展、土地使用权和私营部门投资以及农业发展。同样，国家农业政策和战略还谈到通过加强粮食安全来减轻贫困，办法是"通过投资人力资源开发提高穷人的生产力，创造就业机会，有效利用他们最大的财富即劳动力"（MAWD，第 42 页）。

3. 改善环境，提升农村社区。这一目标符合最近促进可持续性的趋势。在与农村发展有关的主要国家政策中，有 9 个政策的目标是为提高农村生活质量提供适当的环境。适宜的环境有两方面——可持续发展的环境和提供有利于农村发展的环境（机构能力）。1995 年环境和旅游部颁布的《以社区为基础的旅游发展政策文件》指出："高度优先考虑让当地个人和社区参与旅游进程和利益共享""重要的不仅是创造经济利益，而且要把这些利益分配给社会中更广泛的群体。"（环境和旅游部，MET，1995，第 3 页）。为此，1995 年《以社区为基础的旅游发展政策文件》提出，允许"国有土地上的农村社区开展旅游活动，并与商业性旅游公司达成合作协议，来发展国有土地上的旅游活动"（MET，1995年，第 3—4 页）。

4. 提供和帮助获得基本设施和农村公共设施管理。基础设施和基本设施在创造就业和减少农村地区贫穷方面的作用都非常重要。根据《2004 年世界发展报告》，平均而言，基础设施存量每增加一个百分点，国内生产总值就增加一个百分点（国际复兴开发银行，TBRD，2004）。同样，卡德隆和赛尔文（Calderon and Serven，2004）认为，经济增长率与基础设施资产存量呈正比。收入不平等与基础设施数量和质量的提高成反比，基础设施是消除贫穷的主要因素。纳米比亚农村和城市地区最突出的问题之一是农村地区相对缺乏基础设施和设备。纳米比亚政府认识到基础设施的必要性，并在 1995 年《以社区为基础的旅游发展政策文件》中提出，公共区域的旅游业需要认真推广和规划。然而，在公共区域投资于自然资源基础、旅游基础设施和规划、营销和宣传、培训等方面的公共和私人资金较少（MET，第 7 页）。

同样，国家农业政策和战略希望通过提供有效的推广服务、基础设施和获得信贷和市场准入来提高农业生产力（MAWD，1995）。国家发展计划中表示提供农村道路、通信、电力和农村供水等有形基础设施，对减贫是至关重要的。因此，"在适当和可行的情况下，在基础设施的建设和维护中应用以劳工为基础的技术，对扩大就业、创造收入和减少贫困有直接影响"（GRN，第 88 页）。

5. 缩小城乡收入和经济机会上的差距，促进经济和社会流动性。根据国家发展计划，"虽然贫困发生率总体在下降，但城乡差别是巨大且持续的"（GRN，2008，第 32 页）。同样，"总失业率（36.7%）很高，城乡之间的失业率差距很大（农村为 44.7%，城市地区为 29%）"（GRN，第 32 页）。城乡差异还体现在公共卫生设施和其他公共服务的便捷性方面。要解决城乡差距，需要提高农业生产力。通过多样化和农村非农场就业加速农业次级部门的增长；通过农村综合发展扩大获得优质公共服务的机会，这将是促进经济增长和缩小城乡差距的重要手段（GRN，第33页）。因此，纳米比亚政府制定了城乡平衡政策，以应对差异。

6. 增强技术作为提高生产力的方法。纳米比亚在《2030年远景规划》中的目标之一是到2030年建立一个以知识为基础的经济和技术驱动型国家。虽然这尤其适用于信息通信技术的使用，但也可以利用其他技术来促进农村发展。获得技能和技术是《2001—2005年国家减贫行动计划》的主要目标，《种子政策草案》毫无疑问认为生物技术可以促进农业生产力和粮食安全。《国家农业政策和战略》认为，技术和技能转让对于扩大农业及农业综合企业部门的农业产出和就业岗位的创造至关重要。为此，该政策要求在农村地区提供私人耕作服务和建立私人拖拉机维修设施，支持利用"耕畜的力量和适当的农业机械化技术来提高小农生产系统的生产力和利润"（MAWD，1995，第28页）。

纳米比亚的农村发展计划

纳米比亚有许多农村发展计划，但以下几点尤为突出：
· 北部地区畜牧业发展计划（NOLIDEP）；
· 绿色计划；
· 建立自然资源保护区；
· 农村减贫计划。

在这一部分中，我们举例说明建立自然保护区和北部地区畜牧业发展计划是如何让纳米比亚农村发展的。

示例1　以社区为单位的自然资源管理

纳米比亚以社区为单位的自然资源管理（CBNRM）是一项农村发展战略。

纳米比亚政府把以社区为单位的自然资源管理战略作为促进农村发展和农村社区可持续性的战略。该战略承诺采取权力下放、参与和受益方驱动的办法，更好地向农村穷人提供服务。这些服务可包括水、公共卫生、教育和保健。社区自然资源管理战略承诺社区管理可持续地利用诸如野生动物等自然资源，从而减少农村穷人面临的不平等、受排挤、弱势和高风险。他们承诺农村社区在土地管理中可以收获一定的利益。

纳米比亚以社区为单位的自然资源管理战略以 1996 年《自然保护修正法》为基础，该法将野生动植物和旅游权下放给农村社区。环境和旅游部表示，纳米比亚选择了建立自然保护区作为战略模式，保护区要求有明确的成员，即有代表性的管理委员会、具有法律认证的章程和界定的边界，符合登记条件的社区对某些动物种类享有一定范围的所有权，并对其他动物享有使用权。这些条例与 1967 年以来商业农民所享有的权利类似。合法成立的保护区也可以在保护区内申请狩猎和/或旅游权，通过保护，社区为与旅游业有关的土地管理和/或社区森林创建了一个公共财产资源管理系统（环境和旅游部，见 2008 年提交的国家发展计划三）。该法允许将野生动物和旅游权下放给农村社区，承认私营部门和非政府组织对农村发展的贡献，需要他们与在其管辖地区维护文化和自然资产的当地人民合作。环境和旅游部指出，纳米比亚的《全国营养和自然资源管理方案》"旨在通过赋予人们保护自然资源和从这些资源中获益的能力，提高纳米比亚农村人口的生活质量"。

纳米比亚以社区为单位的自然资源管理战略通过以下方式为纳米比亚的农村发展目标做出贡献：

·将野生动植物和旅游业的权力和责任移交给农村社区，从而为企业发展和创收创造机会；

·自然资源管理和保护区计划促进对自然资源的优化和可持续管理，并为可持续利用创造必要条件，鼓励保护生物的多样性；

·作为一项赋权和能力建设方案，鼓励和协助社区及其地方机构发展技能和积累经验，以实现可持续发展并积极主动地引领自己的未来。

保护区是一个公共所有和政府管理的区域，人们在这里集中资源来管理、利用并受益于他们的野生动物和其他自然资源。"保护使人们能够在正常耕作之外实现生计的多样化，并为健全自然资源管理提供更大的动力。"（Davies，2001）到 21 世纪初，通过宣布成立 14 个公共保护区，有 38500 平方公里的土地得到保护，另外，至少有 30 处其他保护区处于不同发展阶段。从那时起，这一领域迅速发展，保护区目前占地面积已超过 131210 平方公里的土地。目前约有 57 个保护区正式成立，已有超过 17 万名会员。除霍马斯和奥沙纳以外，到处都有保护区（见表 7－2）。"国家发展计划二"的目标是到 2005 年建立 25 个保护区，使175000 人以个人或集体形式受益，就该计划而言，已成立的保护区是一个伟大的成就。

表 7－2   纳米比亚自然资源保护区

地区	保护区数量（个）	面积（km²）	人数（人）
卡普里维	10	2563	22622
埃龙戈	4	17419	6800
哈达普	1	95	120
卡拉斯	4	6550	11280
卡万戈	4	1190	6000
库内内	20	41690	30640
奥汉圭纳	1	1340	336
奥马海凯	1	6625	0
奥穆萨蒂	3	9496	60425
奥希科托	1	508	20
奥乔宗朱帕	8	43734	33800
总计	57	131210	172043

资料来源：NACSO（全国信用服务组织协会）自然保护区工作总结，http：//www. nacso. org. na/SOC_ profiles/conservancysummary. php。

"国家发展计划二"已远超到 2005 年建立 25 个保护区的目标。至2006 年，注册的保护区已有 51 家，其中 39 家在是 2001 至 2005 年间注册的。虽然"国家发展计划二"没有提出社区旅游项目和合资企业的具体数目，但 2005 年有 77 个旅游企业，其中有 22 个是合资企业，目前共有 211120 人受益于保护区带来的收入（MET，2008）。

事实上，据称，"根据现行立法，现已有 51 家注册的保护区，该项目有望实现《2030 年远景规划》提出的建立 65 个保护区的目标"（MET，2008）。

纳米比亚以社区为单位的自然资源管理战略与创收多样化。据布德罗说，"在建立保护区之前，实现生计多样化的机会非常有限。除了仅能维持生计的农业以外，这一地区的居民几乎没有其他就业机会。找工作通常意味着离开该地区"，保护区改变了这种状况，"这个过程的第一步是在他们的土地上增加野生动物的数量。随着野生动物数量的增加，保护区希望吸引更多游客，创造越来越多的收入并带来其他益处"（Budreaux，2007，第17页）。

环境和旅游部（2008年）称纳米比亚以社区为单位的自然资源管理战略为经济或金融资本做出了贡献，提高了社区抵御冲击的能力，为风险创造了缓冲地带。

从1995年到2005年，社区的财政或经济收益（包括现金和非现金）从16万纳元增加到近2000万纳元。环境和旅游部还表示目前有11家财务独立的保护区，另外6家承担部分运营成本。

同样，来自全国信用服务组织协会（NACSO）的信息表明，保护区在创收方面做得很好。"2007年，纳米比亚以社区为单位的自然资源管理活动的产值超过3900万纳元：70%是与保护区相关的活动，30%是纳米比亚自然资源管理的其他活动。2007年，52%的保护区收入来自通过合资协议的旅游住宿，26%是狩猎所得。"（NACSO，2007）

增加岗位：迄今为止，纳米比亚以社区为单位的自然资源管理战略已经创造了682个长期和5155个临时工作（环境和旅游部，2008）。这增加了家庭和社区的资产，并提高了安全保障和治安体系。布德罗（Budreaux，2007，第22页）称：

> 纳米比亚以社区为单位的自然资源管理战略正在农村地区创造就业机会，因为那里几乎没有其他正式的就业选择。虽然迄今创造的就业机会不多，岗位有几百个但没有上千个，但这些收入稳定的工作对低收入工人及其家庭来说意义重大。在合资企业生活区、工作场所、露营地工作或从事工艺品生产为纳米比亚人提供了一种分散风险的途径，减轻了他们在旱季所面临的旱灾风险，因为在旱季到来时很难种植足够的作物或饲养足够的牲畜。这些工作在其他方面对当地人也有帮助。

伦德尔沃和穆尼布武（Lendelvo and Munyebvu，2010）发现，奥鲁佩巴保护区和金尼哈莱保护区的妇女从保护区发起的自然资源开采中获得收入。例如，奥鲁佩巴的妇女从香料植物中收获树脂，而在金尼哈莱，她们出售卡拉哈里甜瓜种子,并销售手工艺品。这些收益提高了个人和整个社区的生活水平,包括增加学校、诊所的数量,增加供水设施以及发展旅游业等。

保护区创造的就业机会必须从创造人力资本和技能发展的角度来看待。据布德罗报告称,随着一些人技术水平的提高,他们能够在"不断发展的旅游部门"中工作(Budreaux,2007,24 页),对这篇报告应当谨慎看待,因为许多雇员由于没有受过必要的教育难以利用这一形势。

环境和旅游部称:"考虑到一些偏远农村社区的文化水平,人们的领导能力和管理技能还是有了相当大的提高,但要使这些社区达到令人满意的水平来成功管理保护区,仍有巨大的差距需要填补。与私营部门成功地进行合资企业协议谈判仍然是困难的活动之一,一部分原因是社区方面对旅游市场缺乏充分的了解;还有一部分原因是彼此之间历来是互不信任的。"(MET,2008)

环境和旅游部指出,农村社区在获得旅游营销、宣传和运营技能方面存在相当大的问题。文化水平低妨碍了他们对这些概念的理解及实施,这让情况更糟。此外,特别是在过去,并没有制定适当的后续调查、指导监督和评估方案(MET,2008)。

有关参与的问题。参与指的是"利益相关者的加入,这是每一个ICD 方案的关键特征,有效参与被视为是这些项目的一个必要组成部分"(Brown,2000,第 10 页)。布朗认为,许多保护区项目计划未能有效地吸引当地居民。参与通常作为自上而下管理程序的一部分使用,这种程序包括被动合作和协商的人员,而不是作为主动代理人。这种形式的参与对解决权力不平衡或潜在的冲突是毫无用处的(Brown,第 10 页)。纳米比亚的保护区是怎么回事呢?从形式上讲,有一些机构旨在促进参与决策,纳米比亚社区自然资源管理局要求设立一个代表委员会(Mosimane,2008),每个保护区都有一个民选的地方委员会,理论上是为了促进基层的参与和问责,这些委员会根据习惯法、合法宪法以及当地构想的政策、程序和管理计划进行管理。在对多若纳维斯自然保护区的研究中,莎匹(Shapi,2003)发现,尽管82%的社区是保护区成员,但成员在对自然资源保护中的参与度非常低,因为人们自认为他们对决策的投入无关紧要。库内内地区的索里斯索里斯保护区的情况也是相似的(Mosimane,2003)。

莫西马内（Mosimane，2008）称，纳米比亚以社区为单位的自然资源管理战略有三个基础概念：经济激励、权力下放和集体所有制。权力下放强调需要将管理决策从政府下放给社区或土地使用者，以便为可持续野生动植物管理创造积极条件。莫西马内（2008 年）发现，"尽管社区组织具有代表性，并采用参与式管理方法，但在许多方面缺乏决策问责制。在该区域，基于社区的组织往往对政府负责，因为政府让这些组织可以享有对野生动物的权利，这些组织也对给予他们体制和财政上支助的非政府组织以及捐助界负责"。

伦德尔沃和穆尼布武（Selma Lendelvo and Faith Munyebvn，2010）进行了一项关于妇女参与托拉、麦士、奥鲁佩巴、金尼哈莱四个公共保护区的研究。该研究表明，妇女大多参与文化上被定义为性别适合的活动，包括取水、烹饪、舂小米、清洗、打柴和收集其他天然产品等。当妇女被赋予与其传统活动相关的角色时，她们的参与度很高。虽然也鼓励妇女参加会议，但在做出关于资源管理的正式决定时，她们很少发言。

有关赋权的问题。许多撰写发展与保护的作者强调需要赋予当地人民权力。赋权是指一个过程，通过该过程，人们，特别是穷人，能够更多地掌控自己的生活，并以拥有生产资料为一个关键因素，从而确保更好的生活（Chambers，1993，第 11 页）。这个概念是关于享有资源的权利，保证地方人民可以做出决定并影响决策者，而且还可以实施决定（Brown，2000 年，第 10—11 页）。有人假设，利益相关者可以通过项目在不改变更根本的政治和经济因素的情况下获得权力。这一假设是错误的，因为必须认真评估和理解更广泛的社会政治背景（Brown，2000，第 10—11 页），在保护区赋予地方社区的权力似乎有限。

正如布德罗（2007；2008）所指出的，当土地使用分配出现冲突时，做出决定的不是保护区，而是社区土地委员会。为狩猎设定数额，并决定采取适当的行动来管理食肉动物和问题动物的是政府，而不是保护区委员会，这无疑削弱了保护区的权力。布德罗（2007，第 56 页）对困扰纳米比亚以社区为单位的自然资源管理战略中的问题做了如下总结：

·土地使用权环境不明确和不安全；

·有必要管理野生动植物和其他资源，将更多的权力移交给地方团体；

·有必要改善纳米比亚经商的体制环境；

·有必要继续以负责和透明的方式施政，增强地方管理当地企业的能力。

即使是环境和旅游部也承认存在隐忧，特别是对于支助组织和农村社区来说，1996年《自然保护区修正案》不允许大力下放权力以加强地方层面的治理。

有关人与野生动物冲突的持续问题。建立保护区的主要动机之一是为了减少人与野生动物之间的冲突。这确实符合农村发展目标，即提升农村社区的可持续性。NOCSA报告说，2007年共报告了5102起与动物有关的问题，这些报告大多来自卡万戈和卡普里维地区（表7-3）。如表7-3所示，人类与野生动物冲突的发生率稳步下降，而保护区可能是促成这种状况的原因。

表7-3 2003—2007年保护区中人与野生动物冲突事件 单位：件

	2003年	2004年	2005年	2006年	2007年
人类攻击	17	14	15	11	14
牲畜攻击	1733	1684	2658	3174	2839
作物损失	1098	1084	1470	2350	1983
其他损失	171	154	139	178	266

资料来源：NOCSA：http//www. nacso. org. na/SOC_ 2007/INDEX. PHP。

结论：纳米比亚以社区为单位的自然资源管理在野生动物保护方面做得比较好，证据就是野生动物的数量正在增加。纳米比亚社区自然资源管理为一些农村社区的福祉做出贡献，尽管创造的就业机会不多，但鉴于目前的贫困程度，这些工作可能正在发挥作用。在获取技能、参与和赋予农村社区权力方面还有许多工作要做。纳米比亚以社区为单位的自然资源管理是朝着可持续发展和农村发展的正确方向迈出的一步，但这仅仅是一步。

示例2 北部地区畜牧业发展计划

1995年至2004年，政府在纳米比亚北部公共地区实施了国家学习和发展计划。国际农业发展基金（农发基金，BSF）提供了600万美元的资金，比利时生存基金提供了 200 万美元，法国提供了 200 万美元，卢森堡政府提供了 295 万美元，纳米比亚共和国政府提供了 440 万美元，项目地区社区提供了 180 万美元，总价值约为 1900 万美元，这笔款项由农业和水利发展部负责运作。

最初的项目设计旨在公共地区约 200 个社区发展小规模商业牧场经营。农发基金称："通过增加牲畜产量、提高生产力和产量，改善北部公共地区的农村人口的经济和社会福利，同时确保建立更可持续的牧场管理系统，在项目地区更公平地分配资产和资源。"（BSF，2002）

在实现这些目标的过程中，围绕五项活动组织了资源：

（1）可持续范围管理；

（2）牲畜支助服务；

（3）动物健康和兽医服务；

（4）培训；

（5）制度支持。（BSF，2002）

活动本身包括：

·培训小农户采用无害环境的牧场管理做法，并控制放养率；

·促进以社区为基础的组织，发展提供基本服务的框架，特别是推广和信贷，以及在北方地区发展畜牧业项目；

·加强北部公共地区可持续发展的体制和政策框架。

因此，鉴于上述情况，项目目标与纳米比亚的农村发展目标相吻合，即通过创收、技能发展、粮食安全、提高农业生产力（即提高畜牧业生产和生产力）和环境可持续性来减少贫困。

北部地区畜牧业发展计划在多大程度上实现了预期的农村发展目标呢？

北部地区畜牧业发展计划与牲畜生产和生产力的提高：在许多方面，北部地区畜牧业发展计划被认为是一个畜牧业计划，生产力的提高必须体现在购买力的提高和牛/牲畜死亡率降低上。要实现这些，需要通过以下项目：

（1）增加取水点（钻孔、挖掘水坝和网状取水点）：取水点开辟了新的放牧区，减轻了现有地区的压力，据估计，每个新的取水点可以养活额外 500 头成年牛（相当于 714 头混合年龄牛群）。按照现有的 7% 的低购买率计算，每个供水点每年可以多销售 50 头牛（MAWD，2004，第

43 页）。

　　该计划的目标是钻 41 眼井，挖掘 83 个水坝。最后的结果是钻了 64 眼井，挖掘了 50 个水坝。虽然还没有关于明确的供水点的计划，但已经完成了八个。相对于目标中的 124 个供水点，122 个（98%）实际实现（MAWD，2004 年）。计划中要求社区成立供水点委员会来管理供水点，设定和收取用户费用，并节省资金用于今后井眼的维护和操作。鉴于纳米比亚是撒哈拉以南最干旱的国家，受益者认为提供供水点是北部地区畜牧业发展计划中最重要、最切实际、影响最大的成就（MAWD，2004）。尽管如此，比起小牧群牧场主和非牧场主，供水点对大牧群牧场主的益处更大。但由于一些供水点委员会不起作用，使得供水点难以维护和运行。

　　（2）增加疫苗接种笔，扩大疫苗接种活动的覆盖面。实际建造的 1018 个疫苗接种笔比该计划原本目标的 564 个接种笔超出了 180%。从理论上讲，到 2004 年，每年可以多给 25 万头牛接种疫苗。但实际上，这个数字并不能直接确定或量化。该项目估测，通过有效的疫苗接种，牲畜死亡率从现在的 8% 下降到 5%（MAWD，2004）。但是，这仅仅只是一个估计数据。

　　（3）建立了农村兽医推广中心，以改善社区的动物医疗健康服务。在开展社区动物健康机构人员培训的同时，还招聘了兽药零售商。北部地区畜牧业发展计划实现了建造 11 个兽医中心的目标。尽管如此，一些兽医中心在疫苗接种期间因没有人员和没有药物储备而倒闭。最后的结果是"农村兽医推广中心、社区动物健康机构、药品零售商的回报率很低"（MAWD，2004，第 49 页）。

　　（4）检疫营康复计划：该计划实现了建造一个康复检疫营地的目标。

　　北部地区畜牧业发展计划的影响是什么？很难说这个项目对畜牧业生产力到底有多大的贡献。虽然农业和水利发展部（2004）估计，由于有效接种疫苗，购买率将从目前的 7% 上升到 7.7%，牲畜死亡率从 8% 下降到 5%，但这也仅仅是估计。农业和水利发展部（2004）的结论是，该计划充其量只是提高了总体经济水平，以惠及更多的人。

　　北部地区畜牧业发展计划与扶贫：该项目认识到，在纳米比亚，一些极度贫穷的人是居住在北部社区且没有养殖牲畜的人。该计划通过两个机制帮助改善社区边缘化群体的生活条件：一是小型家畜育种资本基金；二是旨在创收的社区发展基金。在过去几年中，小型家畜育种资本基金向1433个几乎没有或根本没有任何牲畜的家庭发放了6012头山羊和152头驴（见表7－4）（MAWD，2004）。发放牲畜的原因很简单，收到小家畜的家庭会养几年再把它们传给社区里的其他人。在这期间，这些家庭可以保留牲畜生出的幼仔，这就符合了自力更生的思想。受益于小型家畜育种资本基金的人仅限于赤贫者，每个村庄最多只有10人。最初的想法是提供75%的资金，由受益者向该计划提供25%的费用。社区团体提供费用的占比最终减少到10%。纳米比亚政府承认，大多数穷人是女性，所以小型家畜育种资本基金的大多数受益人（69.4%）是女性（MAWD，2004）。除了库内内以外，所有地区都是如此。然而，农业和水利发展部（2004）表示，小型家畜的需求量远远大于供应量，小家畜养殖者也缺乏相应的培训。

表7－4　　　　　　　　　　　**小型育种储蓄资金受惠者**

地区	家庭数量	山羊	驴
卡普里维	135	764	0
库内内	20	100	0
奥卡万戈	554	1690	0
奥穆萨蒂	182	910	66
奥汉圭纳	157	704	7
奥沙纳	151	814	30
奥希科托	234	1030	49
总计	1433	6012	152

资料来源：农业和水利发展部（2004），第13页。

　　北部地区畜牧业发展计划的创收项目旨在向社区中较贫穷的成员提供支助，以建立和管理创收活动，用可持续的方式改善他们的生计。农业和水利发展部称，活动包括裁缝、烘焙、制砖、碾磨、园艺、木工、动物饲养、开办休养所、打谷、开办幼儿园和道路修复。这些活动唯一的共同点是规模小，可以在没有大量技术和资本支出的情况下启动。其中许多活动与有关自给农业的主要农村活动相联系（农业和水利发展部，2004，第20页）。

在北部地区畜牧业发展计划中，除了卡万戈没有任何创收项目之外，其他北部地区实施了共11个创收项目，它们是在农业和水利发展部的帮助下实施的。据农业和水利发展部（2004年）称，11个项目中有2个在成立后不久即被解散，另外2个无法运作。在卡普里维地区，尽管这些项目中的大部分已经投入运营，但很少有项目成功盈利。在库内内地区，许多项目都没有成功。许多参与创收项目的人没有接受商业管理和相关技能的培训。因此，总体来说，该计划的创收项目对创造就业或减少贫困没有多大帮助。

北部地区畜牧业发展计划和创造就业：该计划对降低北部地区的失业率几乎没有发挥任何作用。农业和水利发展部（2004年）报告称，在库内内地区，修建伊坦加公路为20人提供了两年的就业机会。奥坎瓜提路也为70人提供了一年半的就业机会。受雇于道路修复的个人按日计酬，他们的工资比正常情况下的工资低25%，因为这25%是他们必须缴纳的费用。因此，该计划一个直接的好处是创造就业机会，但这在范围和持续时间上非常有限。在这个计划下修建的道路质量很差，维护效果也不好。项目的评估者公然宣布，所期望的劳动密集型就业和创收在该计划中并没有实现。它对创造就业机会的直接影响主要限于约131个功能性社区卫生服务中心的工作人员、53个供水点管理员和25个功能药品零售商，加上在库内内公路修复项目上提供的就业机会。它也可能通过增加牧民的就业对创造就业产生间接影响（MAWD，2004，第41页）。

因此，最终的结果是，北部地区畜牧业发展计划在实现向农村人口提供就业机会的农村发展目标上收效甚微。

从上述的农村发展项目中可以得出结论，农村发展面临的挑战是巨大的、不容低估的。事实上，如果纳米比亚要实现《2030年远景规划》，就必须改善农村人口的生活条件。农村发展的挑战在于实现经济增长，从而减少或减轻贫困、不平等和失业问题。从这个意义上说，农村发展是一个多层面的过程，可能包括重组和调整纳米比亚的经济和社会制度。就目前情况而言，政府提供了一项扶持政策，正在努力营造一个促进农村发展的体制环境，但其举措有限。北部地区畜牧业发展计划尝试鼓励创收项目，但大部分以失败告终，它的商业化成果没有多少可展示的。

保护区是使农村经济活动从农业转向多样化的一个大胆尝试。然而，农业发展必须成为任何农村发展战略的重要组成部分。以上例子表明，农村地区的人们有一种危险思想，认为农村发展应由中央政府带给他们，他们不重视自己的社区参与性和赋予的权利；还有一种危险是妇女在农村发展中的作用被降至最低，农村团体似乎不能很好地参与政府的农村发展计划。如果这种情况继续下去，将对农村发展构成真正的障碍。

概念回顾		
·保护区	·依赖性	·发展
·人力资源理论	·现代化	·生产力
·扶贫	·农村发展	·农村发展目标
·农村政策	·城乡差距	·持续性

新出现的问题

1. "发展"在社会科学中是一个非常有争议的概念。在三种发展方式中（即现代化、人力资本理论和依赖性方法），发展似乎是指提高生产力和生活水平的过程。实际上，这意味着让更多的人更长寿、有更充足的饮食、更好的教育、更好的住房，甚至有更多的消费品。这三种方法的区别在于如何实现发展。纳米比亚的农村发展概念借鉴了这些理论。

2. 农村发展目标包括：提高农业生产力和粮食安全；减轻贫困以及向农村人口提供就业机会；提升适当的环境，提升农村社区；获得农村公共基础设施和管理的机会；缩小城乡收入和经济机会差距；增强技术作为提高生产力方法。

3. 纳米比亚以社区为基础的自然资源管理战略是一项农村发展战略，北部地区畜牧业发展计划项目就是纳米比亚农村发展倡议的范例。

参考文献

Aust, P., B. Boyle, R. Fergusson, and T. Coulson; 2009: *South Africcm*

Journal of Wildlife Research, Vol. 39, Issue 1, pp. 57 – 69.

Cumming, D. ; 1998: "Can Big Game Help to Conserve Bio-diversity in Outhern Africa", *South African Journal of Science*, Vol. 94, No. 8, pp. 362 370.

Boudreaux K. C. , "A New Call of the Wild: Community-Based Natural Resource Management in Namibia", http: //papers. ssrn. com/s013/papers. cfm? abstractd = 1026944.

Brown, K. , *Innovations for Conservation and Development*, http: //jaimehta. net/2009/06/29/community – based – natural – ressurce – management – promise – rhetoric – and – reality/.

ESCAE; 2003: "The Role and Objectives of Rural Development", *Rural Development and Poverty in South East Asia*, United Nations Development Papers, No. 23.

IFAD; 2002: *Northern Regions Livestock Development Project Interim Evaluation Report*, http: //www. ifad. org/evaluation/public html/eksyst/doc/prj/region/f/namibia/na 362. htm).

Kelso, B. ; 1995: "The Ivory Controversy", *Africa Report*, Vol. 40, No. 2, pp. 50.

Kiss, A. ; 1990: *Living with Wildlife: Wildlife Resource Management with Local Participation in Africa*, Washington D. C. , World Bank.

LIFE; 2004: *Integrated Community Based Natural Resources Management (CBNRM) for Economic Impact, Local Governance and Environmental Sustainability*, Worldwide Fund for Nature, Windhoek, Namibia.

Lendelvo, S. and F. Munyebvu: "Women Participation in Namibia's Conservancy Programme" in Mufune (ed.), *Social Science, Gender & Namibia*, UNAM Press.

MAWD; 2004: *Northern Regions Livestock Development Project (NOLIDEP) Review*, MAWD Windhoek.

Marker, L. , A. Dickman and M. Schumann: "Cheetahs in Namibia", *Carnivore Damage Prevention News*, 2005 – 66. 219, 35. 35.

MET 2008 Submissions to NDP 3 NPCS Windhoek Mosimane, *2008 CBNRM and Key Institutional Development Issues: Challenges, Transformation and*

Leadership, MRC Mimeo.

Mosimane; 2003: *Sorris Conservancy Organizational Advancement and Livelihood Systems in Kunene Region*, MRCC Research Report.

NACSO; 2008: *Namibia's Communal Conservancies: A Review of Progress and Challenges in 2007*, NACSO, Windhoek.

Nieuwenburg, D. G. and R. A. Meganck: "Understanding Sustainable Development and Technology Transfer", *INSIGHT*, Fall '96 Edition UNEP.

O'Connell et al. And Lynette A. Hart and Caitlin E. O'Connell: *Human Conflict with African and Asian Elephants and Associated Conservation Dilemmas.*

Ogbaharya, D. G. : *A Capability Theory of CBNRM: The Case of Namibia's Communal Conservancy Program Mimeo Department of Political Science Northern*, Arizona University.

Shapi; 2003: *Partial Devolution of Rights and Responsibilities to Community as a Solution to Sustainability and Conservation in DOR! Nawas Conservancy*, IRCC Research Report.

Sibanda, B. and Omwega, A. ; 1996: "Some Reflections on Conservation, Sustainable Development and Equitable Sharing of Benefits from Wildlife in Africa: The Case of Kenya and Zimbabwe", *South African Journal of Wildlife Research*, Vol. 26, No. 4, pp. 180.

Sutton, W. R. : *The Costs of Living with Elephants in Namibia Department of Agricultural and Resource Economics*, University Of California.

UNESCAR; 2003: *Rural development and poverty in South Asia*, http: //www. unescap. org/pdd/publications/dp23/chapter_ 2. pdf (accessed May 10, 2011).

Walker, P. A. and P. T. Hurley Collaboration Derailed: *The Politics of " Community-Based"*, *Resource Management in Nevada County.*

Wells, M. and Brandon, K. ; 1992: *People and Parks: Linking Protected Areas with Local Communities*, World Bank, Washington, D. C.

Wheel: *Critique of a Resurgent " Protection Paradigm" in International Biodiversity Conservation.*

Wilshusen P. R. , S. R. Brechin, C. , Fortwangler and P. C. West: *Reinventing a Square Society and Natural Resources*, 15: 17 – 40, 2002.